LE BARBARE
ET L'ÉCOLIER

LAURENCE CORNU
JEAN-CLAUDE POMPOUGNAC
JOËL ROMAN

LE BARBARE ET L'ÉCOLIER

LA FIN DES UTOPIES SCOLAIRES

CALMANN-LÉVY

ISBN 2-7021-1856-9

Imprimé en France

Sommaire

Introduction 9

I. L'utopie scolaire de la société française 21

1. L'école en proie au social 23
2. L'école, utopie politique 45
3. Limiter l'école 67

II. Enseigner l'enfance 87

4. Science, poétique et mémoire 95
5. Le sens de l'exercice 133
6. Savoir et sens commun 157
7. Le métier d'enseigner 179
8. Le temps des écoliers 207

Conclusion 231

INTRODUCTION

Trois barbaries, une institution : ce face à face est notre héritage, un siècle après la révolution entreprise dans l'école par Jules Ferry, mais il remonte bien plus loin. Barbarie de l'enfance, dont les balbutiements, les borborygmes avaient déjà incité les Grecs à la mettre, avec les étrangers, du côté de l'inarticulé que fait entendre cette onomatopée. Et, de fait, l'enfant est le barbare que nous devons acculturer.

Barbarie de l'étranger ensuite, qui est celle du non-citoyen. A ce titre, l'étranger n'est pas seulement l'autre de l'autre pays, ou de l'autre langue : il est aussi l'autre de la citoyenneté, soumis à la superstition, ou tout simplement à la déviance. Ce barbare là oscille entre le criminel et l'immigré, en passant par le non-républicain.

Barbarie de l'ignorance enfin, en un temps où le savoir émancipe : flétrie sous le nom d'inculture, elle se figure volontiers sous les traits des ténèbres, que la diffusion des Lumières et l'universalité de la raison, dont ce savoir procède et qu'il atteste, viendront dissiper.

Contre les trois barbaries de l'enfance, de la non-citoyenneté et de l'inculture, l'école fut promesse d'émancipation et rempart : mieux, elle promettait d'en venir à bout, par la conjonction de l'instruction et de l'éducation. C'est du même geste qu'elle faisait de l'ignorant un sachant, de l'étranger un citoyen et de l'enfant un homme (accessoirement, une femme).

Ce programme se défait aujourd'hui sous nos yeux, à la fois parce que nous ne croyons plus à la nécessaire solidarité des trois démarches, qui bien souvent nous apparaissent comme autonomes et même parfois contradictoires, et parce que nous mesurons chaque jour un peu plus notre impuissance à triompher de la barbarie. Nous courons sans cesse le risque de la voir resurgir à notre effroi là même où nous pensions l'avoir vaincue. Nous savons bien désormais que l'enfant se prolonge sous l'adulte, et que l'inconscient du second n'a rien à envier à la perversité du premier (l'enfant est un pervers polymorphe disait Freud, rompant ainsi avec l'imagerie d'une enfance idylliquement préservée du mal. Nous savons que, par exemple, dans les pays du Sud, l'intégrisme islamique prospère dans les universités et non d'abord dans les franges miséreuses ; que la croissance du progrès technique s'accompagne au mieux d'indifférence morale ; enfin que le nazisme et la Shoah ont pris naissance au sein de la plus cultivée des nations occidentales, et entraîné dans leur fureur les meilleurs esprits. Notre question aujourd'hui est celle que posait Adorno[1] : comment éduquer après Auschwitz ? La barbarie qui vient de l'enfance, de l'étranger, de l'ignorance s'est déplacée : désormais elle naît au sein même

1. ADORNO (T.W.), *Modèles critiques : interventions, répliques*, Payot, 1984, p. 205-219.

des sociétés prospères et cultivées. Les crimes contre l'humanité et l'indifférence — quand ce n'est pas le soutien actif — qu'ils ont rencontrés chez de grands esprits cultivés appellent à reconsidérer l'ordre des priorités de l'école dans une société démocratique.

Les trois barbaries ont en commun leur idiotie au sens propre, c'est-à-dire leur particularisme. C'est contre ce trait commun que l'école de la République a pu se penser comme vecteur de progrès. L'entreprise scolaire de Jules Ferry est contemporaine et solidaire de la colonisation. Offrir à tous la réalisation du droit à l'instruction promis par les révolutionnaires de 1789, au-delà des mers comme dans les provinces reculées de l'Hexagone, c'était imposer aux barbares un modèle de l'homme et du citoyen, un programme de savoirs élémentaires qui, en les faisant sortir de la minorité et de l'ignorance, de l'emprise des superstitions et des particularismes, gagnait de nouvelles contrées, de nouvelles populations et de nouvelles générations au *progrès* et à l'*universel.* On sait comment l'épreuve de la décolonisation a profondément affecté ces certitudes, et comment une seconde crise a ébranlé la bonne conscience de l'école libératrice. Elle a dû découvrir, en effet, que non seulement elle ne réalisait pas un égal accès de tous au savoir émancipateur (ce qu'elle pouvait toujours reconnaître, tout en pensant que c'était encore un objectif à atteindre), mais qu'elle contribuait elle-même à reproduire ces inégalités. Selon la mémoire commune, cette affaire s'est jouée en 1968 et l'école ne s'en serait toujours pas remise.

En effet, alors que durant la dizaine d'années qui sépare la guerre d'Algérie de mai 1968, le socle politique qui assurait réciproquement la solidité de l'école et celle de la République s'est effondré, « l'explosion scolaire » modifiait radicalement les formes de la scolarisation[2]. Les espoirs révolutionnaires et réformistes de la Libération (qui se traduisirent, pour l'école, par le plan Langevin-Wallon) se sont peu à peu défaits, et c'est plutôt sous l'égide des technocrates des trente glorieuses que l'école s'est réellement transformée. On a cru avoir atteint l'objectif d'émancipation pour tous de la IIIe République. On a cru qu'on pouvait penser la démocratisation et la modernisation sans avoir à se référer aux épisodes les plus barbares de toute l'histoire de l'humanité que sont les deux guerres mondiales et singulièrement les crimes contre l'humanité du nazisme. Qui ne voit que cette croyance appartient à un passé révolu (malgré ses apparences de « modernisme » justement) et que les événements, ceux qui réveillent les passions hexagonales comme les soubresauts qui, aujourd'hui, bouleversent l'Europe d'est en ouest, rendent on ne peut plus urgente la question d'Adorno ?

Nous avons cessé de croire au progrès, notre foi dans l'universel s'est émoussée, et nous avons même appris à revaloriser le particulier, le singulier. Il faut y joindre trois doutes fondamentaux : sur la nature de la différence entre enfant et adulte, et donc sur le sens de l'entreprise éducative en général ; sur la notion de citoyenneté et donc sur ce qu'on peut attendre du citoyen ; sur la culture enfin et le savoir, particulièrement sur la culture scolaire.

C'est à inventorier ces doutes et le soupçon massif

---

2. C'est le titre d'un ouvrage de L. Cros, célèbre en son temps, *L'explosion scolaire*, C.U.I.E.P., 1961.

qui en émane envers l'institution scolaire que cet essai se consacre. Mais il s'agit aussi, tout en prenant la mesure de la crise, de réfléchir sur ce qui peut en ressortir comme chance nouvelle, ou occasion de renouvellement pour l'école. On ne peut plus se contenter de la penser comme seule garantie contre les trois barbaries[3]. Si la tâche éducative a encore un sens aujourd'hui, il importe peut-être avant tout de ne pas la dissoudre dans une multitude de fonctions sociales diverses, et aussi de ne pas l'investir outre mesure de compensations imaginaires. Si, dans le désenchantement qui résulte de la crise il y a une chance à saisir, c'est bien celle de délivrer l'école de tout ce qui obscurcit ou entrave sa mission propre. Tel serait le sens de la fin des utopies scolaires : qu'on n'y « croie plus » ou qu'on ne rêve plus par elle de refaire le monde n'est peut-être pas si négatif. Soutenir l'épreuve du désenchantement, c'est savoir se prémunir contre les résurgences utopiques et les sectes de toutes sortes qui se repaissent des angoisses nouvelles. « Une crise nous force à revenir aux questions elles-mêmes et requiert de nous des réponses nouvelles ou anciennes, mais en tout cas des jugements directs (...) elle ne devient catastrophique que si nous y répondons par des idées toutes faites, c'est-à-dire par des préjugés[4]. »

Désormais, le risque majeur d'une crise prolongée de

---

3. S'agit-il d'ailleurs de barbaries ? Est-il nécessaire de s'en prémunir ? Une part de notre programme est peut-être, comme l'Église des premiers siècles, de « passer aux barbares », afin de préserver ce qui doit l'être dans notre héritage.

4. ARENDT (H.), *La crise de la culture*, Gallimard, coll. Idées, 1972.

l'école vient de l'intérieur de cette institution qui se représente à elle-même comme une citadelle assiégée. L'explosion scolaire, c'était il y a trente ans déjà. L'allongement de l'instruction publique, une proportion croissante des jeunes générations fréquentant l'école, qui peut contester qu'il y ait eu là une avancée? Et pourtant tout cela est vécu sur le mode de l'échec, quand ce n'est pas de la catastrophe. On s'interroge sans fin pour savoir si le niveau monte comme certains l'affirment[5], mais depuis longtemps on s'est persuadé qu'en réalité il ne cesse de baisser. C'est que la réalité de l'école n'est pas faite seulement de chiffres mais de symboles. On court après une « évaluation » du système. Mais de quelles valeurs parle-t-on ? L'école est à la fois un « appareil » et un complexe de significations, de valeurs et de fins. La crise qui l'affecte est aussi une crise de représentation dont l'une de ses issues est l'effondrement de l'ensemble des références symboliques qui ont présidé à son institution et à son histoire.

L'école a explosé en un second sens : elle n'est pas seulement encombrée, elle est dispersée, éclatée. Nul ne sait plus où sont ses limites. Contrairement à ce qu'on en est venu à penser d'elle (et de là, la prolifération des discours sur son échec), elle ne peut pas tout. Où situer les frontières de l'école c'est-à-dire ses fins? Quels mandats la société confie-t-elle au juste à l'école, au collège, au lycée, à l'université? Comment situer ses responsabilités par rapport à l'instruction et à la formation?

5. Cf. BAUDELOT (C.) et ESTABLET (R.), *Le niveau monte*, Seuil, 1989.

Deux représentations majeures se partagent principalement le champ des discours les plus généralement tenus sur l'école. D'un côté, les réformateurs, avides de succès, prompts à proposer des solutions pédagogiques ou institutionnelles à ce qu'ils ont diagnostiqué comme étant le cœur de la crise. De l'autre, le grand chœur des passéistes, unis dans la complainte des temps heureux d'hier, et dans la stigmatisation de la décadence contemporaine. Aux premiers, toute survivance du passé est suspecte. Aux seconds, toute innovation catastrophique. Ainsi ces deux discours s'épaulent-ils, conduisant à communier dans le sentiment de l'urgence, et dans celui de la gravité de la crise. Du tableau noir à l'écran informatique, dans le désordre des veilles d'an millénaire, l'école n'échappe pas à de tels scénarios, dont la « conclusion » nous met en demeure de tout changer ou de déplorer tout changement. Symétriquement aux anathèmes que lancent contre toute nouveauté les nostalgiques d'un passé mythique, le rejet de « l'école du passé » investit ses désillusions dans de nouveaux mirages. La recherche d'un fauteur de troubles y est aussi présente : l'« échec » est la faute des enseignants, des enfants, de leurs parents, de la société, des immigrés, de la télévision, etc.

Opposés et complices, ces deux discours en viennent à occuper la quasi-totalité de l'espace scolaire. En effet, si les administrateurs adoptent volontiers la posture du réformateur éclairé, les enseignants, quant à eux, se voient avec constance dans celle de la victime des premiers, gens de culture sacrifiés sur l'autel du progrès. Quant aux parents, selon le consumérisme ambiant, ils veulent le bonheur des chères têtes blondes plus les résultats scolaires qui garantiront l'accès à Polytechnique. Les seuls qu'on n'entende pas trop dans ce concert sont les élèves. Les discours catastrophes servent ainsi d'armatures à des identités professionnelles affaiblies, ou au contraire à des rôles en mal d'affirmation.

Faut-il pour autant refuser toute pertinence à ces discours ? Non seulement ils valent à titre de symptômes de l'état de l'institution, mais ils propagent aussi quelques vraies angoisses et signalent de vrais problèmes. L'incertitude quant à la nature et à la fonction de la culture scolaire n'est pas un mythe, si l'idée d'une restauration de la pureté et de l'intégrité de l'école républicaine (à supposer qu'elle ait jamais existé sous cette forme) en est un. L'échec scolaire est un véritable défi quotidien à tous les discours sur la fonction émancipatrice de l'école et à sa capacité d'insertion, même si telle ou telle solution préconisée pour y remédier peut parfois s'avérer pire que le mal. Le reproche principal que doivent encourir ces discours, c'est d'être globalisants, et de proposer comme solution un élément partiel du problème. S'épargnant ainsi la nécessité d'une analyse sérieuse, ils se cristallisent en idéologies qui en viennent petit à petit à faire de l'école française aujourd'hui le théâtre d'un affrontement direct, d'autant plus virulent qu'il relaye un débat politique atone : tout se passe comme si l'affrontement sur l'école, quoique tout à fait transversal au clivage gauche-droite, était en train de remplacer ce dernier. Inutile de préciser que cette guerre de positions affaiblit encore davantage l'école.

Il faudrait d'abord sortir du perpétuel « psychodrame » de la crise, et de la « langue de bois » des discours idéologiques, politiques et pédagogiques pour s'entendre sur les faits. La plupart des comparaisons internationales montrent que le bilan de l'école française est globalement positif, si l'on prend en compte la formation des jeunes et particulièrement la formation des jeunes diplômés. Mais si l'on regarde la formation de masse, le bilan est déjà moins réjouissant. La démocratisation de l'enseignement bute sur des limites structurelles[6] et la concurrence scolaire de plus en plus aiguë ne fait qu'accroître de jour en jour le caractère sélectif de cette école. En outre, l'école est incertaine quant au modèle de citoyenneté à instituer, quoiqu'elle parvienne globalement à assumer la tâche d'intégration qui est la sienne. Pas étonnant dès lors qu'elle se retrouve partagée entre une conception élitiste de la culture et une représentation efficiente de la formation. Le seul point sur lequel toutes deux s'accordent, c'est la nécessité de rendre l'école de plus en plus sélective, c'est-à-dire de bafouer les principes sur lesquels l'une et l'autre se fondent et dont elles se réclament.

Un point de non-retour est-il atteint ? On peut penser que la ruine de l'équilibre consensuel, son ultime et invivable contradiction, se manifestent dans la conjonction du grave malaise des enseignants avec le discours politique affirmant que sur cette profession repose l'avenir du pays. S'il est juste de penser que « l'avenir » d'une société moderne dépend de la *formation* en général, la société qui méprise ses enseignants, et engendre en eux un malaise tel qu'ils ne puissent plus assurer sereinement

6. PROST (A.), *L'enseignement s'est-il démocratisé ? : les élèves des lycées et collèges de l'agglomération d'Orléans de 1945 à 1980*, P.U.F., 1986.

leur « mission », est en effet dans une situation « critique ». La contradiction entre l'affirmation du caractère indispensable et la perception de la dimension impossible de la mission d'enseigner croît chaque jour davantage.

Les injonctions contradictoires adressées à l'école l'ont peu à peu enfermée dans un piège. Les définitions de ses fins et de ses mandats sont devenues de plus en plus problématiques. Et sans ces réponses l'école est nécessairement exténuée. Pour ne rien arranger, la problématique pédagogique s'est étendue peu à peu à l'ensemble de la société. La démocratisation culturelle, la nécessaire intégration des exclus, la solution des problèmes sociaux les plus divers sont désormais abordés en termes de formation. Elle est devenue un souci permanent qui concerne aussi bien les enfants que les adultes. Ce point de vue pédagogique porté sur l'ensemble du champ social pervertit profondément le politique.

Certes, analyses et projets de réforme ne manquent pas. Ils s'ajoutent les uns aux autres et en arrivent à se succéder dans une quasi-indifférence que vient de temps à autre réveiller une querelle (l'orthographe), une affaire (les foulards islamiques), un mouvement (une coordination lycéenne ou étudiante). Il ne s'agit pas pour nous d'ajouter un nouveau plan de rénovation, ni de produire un diagnostic de plus prévoyant la prochaine apocalypse du système. D'abord parce que depuis le temps que l'école est en crise, on en viendrait presque à désespérer d'une telle issue. Nul ne sait ce qui peut se passer demain ; par exemple, une révolte bien compréhensible de la jeunesse scolarisée (mais elle aurait tout aussi bien pu se produire depuis longtemps). L'école encombrée et éclatée semble se survivre dans une sorte d'équilibre critique dont la permanente fragilité force la prudence.

Là sans doute réside le danger le plus inquiétant : un « réalisme » partagé fait que l'école n'est plus l'objet d'un véritable débat public. Les gestionnaires arguent de la complexité du « système » pour en confisquer l'expertise, et les organismes consultatifs sont piégés par la difficulté qu'ils éprouvent à élaborer des compromis entre des intérêts divergents. Le syndicalisme enseignant dans sa lente décomposition semble se réduire au plus petit commun dénominateur corporatiste. L'insatisfaction quotidienne que subissent élèves et étudiants ne trouve à s'exprimer que de manière euphémisée : le travail scolaire croissant, la course aux contrôles (au détriment du sens de l'étude), l'angoisse du « passage » et du diplôme ne favorisent pas une libre critique de l'indisponibilité d'enseignants eux-mêmes débordés. Il arrive que quelques-uns d'entre eux pèchent parfois par manque de sérieux, arrogance ou mépris à l'égard des élèves : de tels comportements ne peuvent guère être épinglés que dans des conversations privées. S'ils se multipliaient, la vraie faillite du système pourrait en résulter, conséquence d'un manque de respect réciproque et d'incompréhension entre les élèves et leurs maîtres — à quoi risque toujours de s'ajouter le peu de considération accordée aux uns et aux autres par « l'administration ». C'est bien de là que pourraient venir les affrontements les plus virulents parce que les plus inouïs. L'école, en effet, n'a jamais été dans ce pays un objet de consensus. Sauf à titre de principe. La polémique qu'elle a suscitée est à la hauteur du crédit qu'on lui accordait, et elle se traduisait en termes politiques. Chaque fois qu'il était conduit avec intelligence et honnêteté, le débat pouvait témoigner de la responsabilité des adultes à l'égard des jeunes générations et d'une certaine conception de la démocratie. En l'absence d'un tel affrontement politique, l'implosion scolaire, brutale dépression de malentendus, d'amertumes et de sentiments d'injustice ne trouvant pas à s'exprimer en référence à des valeurs démocratiques communément partagées, pourrait bien produire une onde de choc sans précédent.

C'est pourquoi il est urgent, selon nous, de restaurer les conditions d'un véritable débat public, informé et éclairé, qui devrait permettre de redéfinir le mandat d'une école dans des limites précises et distinguées des autres instances qui peuvent en prendre le relais.

On ne saurait être à bon droit exigeant qu'à l'égard d'une école à responsabilité limitée. Il s'agit alors de permettre à l'école et à la société de renégocier leurs relations symboliques : la fin des utopies scolaires, c'est d'abord le renoncement à l'illusion que l'école puisse à elle seule assumer l'avancée vers une société meilleure. A ce prix seulement, elle parviendra peut-être à assumer ses tâches propres, et d'abord celle de faire des écoliers. Il n'y a pas d'autre plaidoyer dans ce livre qu'un plaidoyer en faveur du bon sens. On regrette que les débats sur l'école en soient si souvent dépourvus. Si celle-ci parvient à offrir aux enfants une ouverture aux divers parcours d'entrée dans la vie adulte, n'aura-t-elle pas rempli son contrat ?

I

L'UTOPIE SCOLAIRE DE LA SOCIÉTÉ FRANÇAISE

1

L'ÉCOLE EN PROIE AU SOCIAL

Il est de bon ton, par les temps qui courent, d'exalter l'école républicaine comme seul rempart à la barbarie montante, que celle-ci soit le fait du pouvoir des médias, de la croissance des intolérances, du racisme et de l'indifférence — bref, de l'individualisme grandissant et du manque de respect des jeunes pour les valeurs de leurs aînés. Quoique le problème soit la plupart du temps fort mal posé, il n'y en a pas moins là une difficulté réelle. L'école, dont on a tant attendu qu'elle se démocratise et même qu'elle démocratise ainsi la société apparaît à certains égards comme profondément antidémocratique. Pour trois raisons, au moins.

La première, c'est que, si l'on s'accorde à voir dans la démocratie une société animée de la passion de l'égalité, selon la leçon de Tocqueveille, l'école est pour sa part marquée par l'inégalité. Lieu institutionnel de l'inégalité entre enfants et adultes, elle est sans cesse en train de hiérarchiser : les contenus culturels, dont elle décrète les uns légitimes et les autres non, les performances individuelles, qu'elle ne cesse de classer et de comparer, et enfin les enfants eux-mêmes qu'elle a pour tâche de trier et de répartir entre les différentes positions sociales en fonction des différentes aptitudes, effectives ou supposées, qu'ils sont sensés présenter.

La seconde, qui n'est qu'en apparence contradictoire avec la précédente, c'est que, si la démocratie est le lieu qui consacre l'émancipation de l'individu de toute tutelle de groupe, et qui en magnifie l'autonomie, l'école est d'abord lieu de socialisation, c'est-à-dire lieu d'apprentissage des règles de la vie collective. Institution par excellence, elle est aussi, jusqu'au cœur de ses pratiques les plus constitutives comme *la classe*, le moyen de l'insertion de l'individu dans le collectif.

La troisième, enfin, est que si la démocratie est ce régime toujours neuf, ou du moins le régime où rien ne vient d'en haut limiter les décisions du souverain (sous réserve des formes constitutionnelles dans lesquelles ces décisions se prennent), c'est-à-dire où nulle autorité ni aucune tradition ne peuvent prétendre à une légitimité plus haute que celle du suffrage, l'école est pour sa part, par excellence, le lieu de la tradition et de l'autorité.

A ces trois motifs s'en ajoute, dans le cas particulier de l'école française, un autre : celui de la fonction politique centrale que joue l'école dans la tradition républicaine. Chargée, selon le mot de Jean Macé repris par Ferdinand Buisson, de « faire les électeurs, non les élections[1] », c'est en réalité à une tâche beaucoup plus haute que l'injonction républicaine de faire des citoyens

1. Jean Macé fut le fondateur de la Ligue de l'enseignement, en 1866. Ferdinand Buisson exerça avec une longévité particulière les fonctions de Directeur de l'enseignement primaire et fut le coordinateur et le principal auteur d'un monumental *Dictionnaire de Pédagogie*.

l'a conviée : incarner en quelque sorte l'idéal de la République, où viennent se conjoindre l'égalité juridique sous la commune autorité du vrai, la liberté responsable que confère l'instruction, et l'émulation fraternelle dans le dévouement à la chose publique[2]. Inversement, la politique républicaine a toujours eu un fort penchant à se penser et à se vivre comme pédagogie, nos gouvernants posant volontiers aux instituteurs du social[3]. Quoi d'étonnant, dès lors, que l'école dans la tradition française soit le lieu géométrique de la plupart des crises politiques, au moins partiellement, comme le démontrent à l'envi les vingt ou trente dernières années ? Qu'aujourd'hui encore, le moindre débat pédagogique suscite des passions qui enflamment la quasi-totalité du corps social ? Qu'il suffise de trois fillettes accoutrées d'un foulard pour que la République soit en danger, comme naguère devant les hordes prussiennes ou cosaques ? Une telle disproportion peut faire sourire à Londres, Berlin ou New York. Elle peut indigner ailleurs, et même ici. Elle vaut surtout comme formidable symptôme de l'investissement symbolique considérable dont bénéficie (ou pâtit ?) l'école dans notre société.

---

2. Cf. CORNU (L.) et ROMAN (J.), « École et citoyenneté », in *La citoyenneté et les changements de structure sociale et nationale de la population française*. Ouvrage coordonné par C. Wihtol de Wenden, Fondation Diderot, Edilig, 1988, Nouvelle Encyclopédie des sciences et techniques.

3. Comme l'a fort bien montré NICOLET (C.), *L'idée républicaine en France*, Gallimard, 1982. Cf. aussi ROSANVALLON (P.), *L'État en France*, Le Seuil, 1990, pp. 93-135.

Démocratie et générations

Quand nous évoquons une contradiction entre l'école et la démocratie, il est bien entendu que nous ne prenons pas ici démocratie au sens seulement de régime politique, mais qu'il s'agit, comme la lecture de Tocqueville proposée par Claude Lefort nous l'a appris, d'une forme de société. Autrement dit, la démocratie est cet horizon moderne dans lequel aucune légitimité stable et instituée ne peut subsister sans être soumise à la critique, aucune hiérarchie l'emporter sur la passion de l'égalité, aucune discipline collective venir à bout de la volonté d'émancipation des individus. Elle consacre une société émancipée de toute autorité transcendante et extérieure à elle, pour n'accepter de pouvoir qu'issu d'elle-même. Ce n'est pas seulement en droit, comme l'ont enseigné les philosophes du droit naturel, mais aussi en fait que l'individu est premier dans les démocraties modernes. Elles se distinguent ainsi clairement des démocraties antiques, où les citoyens étaient avant tout membres de la Cité.

De ce point de vue, l'une des difficultés majeures que rencontrent les sociétés démocratiques, et on peut sans crainte pronostiquer qu'elles la rencontreront de plus en plus, est celle du rapport des générations. Ceux qui, à l'instar de Gérard Mendel, avaient analysé la crise de 68 comme conflit de générations ne croyaient pas si bien dire. Simplement, leurs analyses étaient restées trop confinées à une dimension psychosociologique qui en gommait la dimension proprement politique. La solidarité d'une génération à l'autre suppose des institutions transgénérationnelles stables, qu'on pourrait appeler « verticales » : ainsi de toutes les institutions ou groupements qui font passer le statut avant l'individu, comme au premier chef bien sûr les ordres d'Ancien Régime, mais aussi les groupements professionnels, voire les structures semi-collectives de voisinage et bien entendu la famille. Longtemps ce furent là les lieux d'un brassage générationnel où l'enfant s'initiait tout uniment au monde des adultes, aux valeurs admises dans son milieu et aux rôles qu'il aurait à y assumer. La permanence de ces structures était la garantie d'une transmission entre les générations de références communes, dans le même temps où cette reproduction transgénérationnelle assurait la permanence des structures. Or le propre de la logique démocratique est de ronger les hiérarchies constituées, les structures verticales stables. A une stratification verticale de ce type, elle tend à substituer une segmentation « horizontale », en classes d'âges. L'école est l'institution même de cette transmutation : conçue pour effectuer le passage d'une génération à l'autre non plus dans le cadre de tel ou tel segment social, mais au plan de l'ensemble de la société, elle ne peut s'acquitter de cette tâche qu'en constituant l'enfance, puis la jeunesse, en classes d'âges, dont la caractéristique principale, d'être scolarisées, l'emporte sur toute autre considération d'appartenance (origine sociale, milieu, famille, etc.).

Bien entendu, ce n'est là qu'une dimension tendancielle de la logique démocratique, et nul ne s'aviserait de dire que tel est en fait le cas. Qu'on sache, les classes sociales n'ont pas disparu de notre horizon, pas même les appartenances culturelles, linguistiques ou religieuses, qui, surtout quand elles sont minoritaires, ne contribuent pas peu à façonner l'enfant. La famille enfin est loin d'avoir renoncé à être le principal lieu de médiation entre l'enfant et le monde. Mais, même dans ce cas, on remarque à quel point la logique démocratique vient subvertir l'ancien ordre des reproductions. Les divers groupes ont d'autant plus tendance à marquer leurs affirmations identitaires qu'ils redoutent qu'elles se diluent, et l'enfant, loin d'être tout simplement institué comme membre du groupe, est investi explicitement de la mission d'en assurer la visibilité et la permanence, notamment à l'école. Il devient en quelque sorte le porte-parole du groupe, ce qui n'exclut bien entendu pas qu'il puisse aussi y trouver son compte. Il peut en effet utiliser cette tension à son profit pour s'émanciper de la tutelle du groupe, mais aussi jouer de l'appartenance communautaire pour défier l'institution scolaire, retrouvant ainsi un espace de liberté par le jeu introduit entre ce double système de contraintes. De même, la famille, à mesure qu'elle se rétrécissait aux dimensions de la seule famille nucléaire, installait un face à face adultes-enfants non plus nourri de la culture commune d'un groupe d'adultes, mais imprégné d'une survalorisation de l'enfance : la famille contemporaine n'est pas un lieu où l'enfant s'initie au monde des adultes, mais au contraire un lieu où l'adulte se préoccupe de l'enfant, que ce soit sur le mode convivial ou au contraire comme projection vers l'avenir. La logique démocratique contraint ainsi à assumer de manière toujours plus volontariste et délibérée la transmission d'un patrimoine culturel, et place ainsi l'école au cœur d'une contradiction redoutable : bientôt seule institution verticale, elle est aussi la plus prégnante des institutions horizontales.

D'une culture de référence à une culture de performance

Ou encore, pour le dire autrement, elle est tiraillée entre deux tâches contradictoires : d'un côté préserver la continuité de la société, donc aussi les hiérarchies et les stratifications sociales. D'un autre, les défaire, en garantissant l'égalité d'accès de tous à la culture et aux places sociales, au risque de ne pas pouvoir permettre de stabilité sociale. Ordinairement, l'école résout cette contradiction en se posant comme l'institution qui assure la mobilité sociale non pas dans le cours d'une vie, mais dans le passage d'une génération à l'autre. Mais il est évident que l'école ne remet pas les compteurs à zéro à chaque nouvelle génération. Cette mobilité n'est jamais qu'une mobilité relative, sans cesse contrecarrée par la permanence de pesanteurs ou d'héritages que l'école entérine plus souvent qu'elle ne les subvertit. Cette situation a pu faire croire à de bons auteurs que la fonction première de l'école était de reproduction sociale[4]. Prenant ainsi l'effet pour la cause, ils ont cru pouvoir établir que l'institution sociale n'avait d'autre fin que de permettre, par l'exercice d'une « violence symbolique », d'imposer un « arbitraire culturel » dont la principale fonction est de légitimer les hiérarchies sociales existantes. En d'autres termes, ils postulent que l'école produit l'illusion d'une culture commune, alors que ses références culturelles sont celles des seules classes

4. BOURDIEU (P.) et PASSERON (J.-C.), *Les héritiers : les étudiants et la culture*, Minuit, 1964 et *La reproduction : éléments pour une théorie du système d'enseignement*, Minuit, 1970.

dominantes, imposées comme nécessaires à tous, et d'abord à ceux qui ne les partagent pas. Pas étonnant, dès lors, que ceux-ci aient davantage de mal à réussir à l'école, ne disposant pas de la complicité implicite avec la culture que tisse l'appartenance aux classes dominantes. Au fond, le discours de l'échec scolaire est erroné : puisque cette fonction de reproduction sociale est la véritable fonction de l'école, on pourrait même dire qu'elle y réussit fort bien. Cette analyse est certes valide, à condition de ne la prendre que rapportée à une échelle des légitimités stable et établie une fois pour toutes. Mais même dans ce cas, on peut s'interroger sur la signification de l'expression « arbitraire culturel » : pour jouer un tel rôle, la culture sociale n'a nul besoin d'être arbitraire, et même elle le joue d'autant mieux qu'elle ne l'est pas, ou du moins pas complètement.

Quoi qu'il en soit, la question qui se pose ici est de savoir s'il existe une telle hiérarchie constituée des valeurs culturelles, une gradation dans la légitimité des goûts, qui ferait que nécessairement il y aurait un ordre du beau, par exemple, au même titre qu'il y a une hiérarchie sociale du bien et du juste. Si l'on prend une vision instantanée de la société, c'est incontestable : Victor Hugo trône au-dessus de San Antonio, Cézanne est plus haut que Millet, la propriété vaut plus que le travail, et il est préférable de frauder le fisc que de voler un yaourt dans un supermarché. Mais dès qu'on se tourne vers la dynamique sociale elle-même, cette stabilité culturelle disparaît, et c'est au contraire le spectacle d'une constante mise en mouvement qui s'impose. Certes, il existe des hiérarchies, mais celles-ci sont sans cesse en voie de décomposition/recomposition, de telle manière que rien n'y peut jamais être tenu pour définitivement légitime. C'est bien de ce conflit portant sur la légitimité des préférences culturelles que se nourrit en dernière analyse la société démocratique, comme l'avait déjà vu Tocqueville. Même si pour tel universitaire la connaissance du grec ou du latin est plus légitime que l'érudition des commentateurs sportifs, ou celle du gastronome spécialiste des pâtes, il ne s'ensuit pas que cette manière de hiérarchiser les formes d'érudition soit unanimement, ou même majoritairement reconnue comme légitime. Tout se passe comme si la société démocratique organisait la concurrence des légitimités, voire parfois leur simple coexistence, comme dans ces jeux télévisés ou radiophoniques, maintenant devenus aussi jeux de société, où les formes les plus diverses d'érudition voisinent paisiblement, en fonction de catégories établies : sport, spectacles, littérature, histoire, etc., et dont on est parfois surpris de constater ce qu'elles recouvrent.

L'école, et à sa suite ces grosses institutions parascolaires que sont les musées, les maisons de la culture etc., ont cherché à donner au plus grand nombre l'accès à une culture considérée comme la seule légitime, et donc à procéder à un travail d'acculturation des masses (ce que le mot d'ordre conjoint de la politique éducative et de la politique culturelle des années cinquante et soixante : démocratisation, traduit bien). Les médias sont venus perturber ce jeu. On a bien sûr misé un temps sur la télévision pour l'assumer, et ce fut la gloire d'une télévision d'État assumant une tâche pensée fondamentalement comme éducative : à la limite, l'école devait d'urgence se mettre à l'usage de ce moyen moderne, et la télévision culminait dans la télévision scolaire. Il n'est que de voir les sarcasmes sous lesquels on accable aujourd'hui ce projet, unanimement condamné des chaînes publiques aux chaînes privées, pour prendre la mesure du changement de perspective : les médias, loin de devoir travailler à l'élévation du niveau culturel moyen, ce qui suppose au moins qu'on s'entende sur une définition de la culture, sont devenus le lieu de promotion de cette concurrence des légitimités. Comme seule compte la concurrence, la hiérarchie des valeurs et des contenus culturels est complètement occultée par le souci de la performance. Il suffit de se pencher sur l'évolution des jeux télévisés pour le constater : comment est-on passé de *l'Homme du XXe siècle*, l'émission de Pierre Sabagh des années soixante, fondée sur un vague toilettage de l'idée d'« honnête homme » tout droit issue du XVIIe siècle, au *Juste prix*, jeu des années quatre-vingt qui radicalise complètement le procédé ? Il s'agit de gagner, moins en faisant preuve d'une « culture » (encore que s'en soit une, si l'on veut : en tout cas ce n'est pas sans efforts, révisions intenses et investissements intellectuels lourds que les candidats parviennent à estimer au plus près le prix d'objets aussi divers qu'une cafetière électrique, une salle de bains en kit ou une lampe d'intérieur imitation 1930) que d'une capacité performative.

Ce que valorisent ainsi les médias, c'est la performance instantanée, pour laquelle le champ culturel à partir duquel elle s'exerce est relativement indifférent. On pourrait trouver, là aussi, l'explication de l'apparent paradoxe qui voit des intellectuels critiquer d'autant plus durement les médias qu'ils semblent succomber à leur attrait : ce n'est rien d'autre que la tentative pathétique de relégitimer la culture intellectuelle en la montrant comme aussi capable de performance que n'importe quel autre pari relevé dans le *Guiness book of records*[5].

Ainsi, non seulement il n'y a pas vraiment de monopole d'une culture légitime, mais celle-ci est doublement relativisée : d'une part comme étant une parmi d'autres, ce qui induit souvent ces attitudes d'indifférentisme ou de relativisme à l'égard des références culturelles, d'autre part parce que la forme même de la culture change : de culture de référence (un temps devenue, selon le mot d'Antoine Prost, culture de révérence, ce qui était bien le moment encore incertain où son prestige était inentamé et son partage inégal), elle tend de plus en plus à devenir une culture de performance. Il est évident que l'exemple ici des jeux télévisés n'est probant que parce que, portant sur l'image de la culture, il vient confirmer une tendance autrement plus lourde : l'évolution de la culture scolaire dans un sens étroitement utilitaire et le culte de la performance de plus en plus poussé au sein même de l'univers scolaire.

Individualisme et démocratie

Ce culte de la performance est sans doute à mettre lui-même en relation avec une des principales dimensions de la société démocratique moderne : le règne de

5. ROMAN (J.), « Excellence, individualisme et légitimité », in « L'excellence : une valeur pervertie », revue *Autrement*, n° 86, janvier 1987.

l'individualisme. Libérant l'individu de la sujétion de ses appartenances, la révolution démocratique a aussi pour effet de le priver de points de repères autres que ses propres performances. Celles-ci sont à la fois son miroir et ses productions, la seule norme qu'il parvient encore à se fixer.

Certes, ces remarques ne sont vraies qu'à la limite, et on aura beau jeu de montrer que l'individu est encore largement tributaire d'images sociales fortes, que la prégnance du collectif ne s'est pas relâchée avec l'avènement de la société démocratique, mais s'est au contraire accrue. Il est vrai qu'analysée d'un autre point de vue, la démocratie apparaît aussi comme société de masse, lieu du conformisme maximum. Ce trait, longuement exploré par les sociologues américains des années soixante[6], n'avait pas non plus échappé à Tocqueville. Mais il importe de s'accorder sur ce phénomène : le conformisme de masse ne contredit pas l'individualisme, il en présente au contraire le triomphe et la généralisation. Il est la seule réponse possible dès lors que s'effondrent les critères de distinction liés aux anciennes stratifications sociales, aux activités professionnelles ou aux divers particularismes. Pour autant, ces particularismes fleurissent aussi dans la société démocratique. Simplement ils n'y sont plus ordonnés dans une hiérarchie, mais là aussi doivent s'intégrer dans un ordre des coexistences : on ne reconnaît plus au premier coup d'œil un bourgeois d'un ouvrier, comme c'était encore le cas dans les années cinquante ; d'abord, parce que sont venues s'insérer entre eux une masse toujours

---

6. RIESMAN (D.), *La foule solitaire*, Arthaud, 1964.

croissante de catégories sociales intermédiaires, mais aussi parce que le vêtement a cessé d'être l'indicateur social qu'il a longtemps été.

L'une des modalités qui vient réguler particularismes et soumissions aux impératifs du conformisme de masse, est leur succession temporelle. C'est le phénomène de la mode, tel que Paul Yonnet l'a analysé[7]. L'accélération du rythme de celle-ci et l'augmentation de son emprise traduisent bien la victoire conjointe de l'individualisme et du conformisme dans notre société. Car ce ne sont plus seulement les atours vestimentaires qui sont affaire de mode, mais aussi l'ensemble des champs du goût, et au-delà, des habitudes de la pensée ou des préférences politiques, ou encore des comportements sociaux. Ce phénomène exprime aussi une emprise générale du goût comme moyen de régulation des passions démocratiques, celui-ci se situant à l'articulation entre le singulier et le généralisable.

Il n'est bien entendu pas jusqu'au discours sur l'école qui n'en soit affecté : tout à coup les salles de profs bruissent d'injonctions républicaines, de rappels à la laïcité, chose inimaginable il y a seulement quelques années où on n'avait d'yeux que pour l'échec scolaire, tandis que les années soixante-dix dénonçaient les lycées-casernes et reprochaient à Napoléon d'avoir construit ce qu'on loue aujourd'hui la République d'avoir consolidé. Que la mode gouverne d'ailleurs les discours sur l'école n'est ici qu'une confirmation de son rôle de régulateur : cela ne dit rien ni pour ni contre ces discours, encore moins des fonctions de prothèses d'identités

7. YONNET (P.), *Jeux, modes et masses*, Gallimard, 1985.

professionnelles défaillantes qu'ils remplissent. La régulation par la mode emporte d'ailleurs avec elle sa propre forme de légitimation : suffit ici à signer la distinction le fait d'être parmi le petit nombre qui lance un mode avant même qu'elle se soit répandue et, pour ainsi dire, usée. On ne s'étonnera donc pas que dans les rhétoriques contemporaines, la plus haute figure soit celle du créateur, individu singulier par excellence, mais dont la reconnaissance implique qu'il soit le modèle d'un conformisme encore à venir.

École et concurrence interindividuelle

La société démocratique est bien le lieu d'une farouche concurrence interindividuelle, mais cette concurrence se redouble d'une autre, entre les divers champs d'activité des individus qui, elle, a pour enjeu la légitimité. En un sens, nous sommes bien là au cœur de la logique démocratique, s'il est vrai que pour celle-ci il n'y a jamais de légitimités reçues, héritées ou imposées, et que la légitimité y est toujours, en principe, discutable, provisoire et sujette à questionnement. C'est bien cette situation qui met l'école dans la tourmente. Car la légitimité dont elle se réclame, celle de la fameuse trilogie cousinienne, pour faire court, le vrai, le beau et le bien, se voit prise à parti et sollicitée d'apporter les preuves de son excellence. Peu importe d'ailleurs les échelles de légitimité concurrentes auxquelles on tente ici ou là de mesurer la validité des prétentions de l'école : il peut s'agir de l'efficacité, c'est-à-dire de la légitimité technicienne ; il peut s'agir de la modernité, c'est-à-dire de la légitimité formelle de la société démocratique ; il peut s'agir enfin des diverses reprises, au sein même de l'école, de la légitimité démocratique elle-même : le règne de l'opinion, celui de la différence ou de l'autonomie individuelle.

On peut certes refuser avec vigueur cette situation et vouloir à toute force raccrocher l'école à son ancienne légitimité : mais c'est alors ignorer la force propre de la logique démocratique, que l'école elle-même n'a pas peu contribué à installer. Après tout, cette promotion de tous dont elle s'est faite la championne trouve dans cette situation paradoxale son couronnement. C'est aussi le plus souvent contribuer, quoi qu'on en ait, à installer plus solidement encore l'école dans la contradiction qui la ronge. Car, d'un côté, elle est bien ce lieu du triomphe des aspirations démocratiques, et donc le lieu *princeps* de l'égalité ; de l'autre, et pour cette raison même, elle est en passe de devenir le lieu de la plus vigoureuse concurrence interindividuelle, une concurrence débridée, dont la pression constante se fait sentir dans cette permanente injonction à la réussite à laquelle n'arrivent plus à échapper les enfants. Or cette concurrence a montré qu'elle pouvait à son gré utiliser toutes les formes de hiérarchisation que lui proposait l'école, indépendamment de leur contenu propre et de leur légitimité intellectuelle. L'école française est ainsi un lieu de sélection impitoyable, nonobstant tous les discours attestant d'une baisse de niveau, ou d'une montée de la barbarie. En effet, la sélection n'est ici qu'une logique sociale, peu regardante sur les modalités de son ancrage dans l'institution. Il est donc à craindre que le discours naïf de la restauration de l'autorité de la chose scolaire, ou de son autonomie, ne se trouve à grande allure investi de la mission de dégager de nouvelles filières sélectives, et ne serve à rien d'autre qu'à cela.

Les phénomènes dont nous constatons tous les jours qu'ils opèrent dans l'école des ravages sans précédent, procèdent de cette même logique : la banalisation des références culturelles que l'école est censée transmettre et leur dévoiement en critères de sélection ; la rupture de la tradition que signifie l'attitude clanique des jeunes, réfugiés dans une culture de l'émotion, essentiellement musicale ; leur soumission aux pires des déterminismes sociaux à travers la concurrence sans pitié qui s'y instaure de plus en plus tôt et les investissements nostalgiques des identités de groupes ; l'individualisation à rebours que révèle l'impossibilité de dépasser l'affrontement d'opinions dogmatiquement tranchées au milieu d'un conformisme de masse de plus en plus apparent. Tous ces traits qui suscitent à bon droit l'ire de nos censeurs sont hélas solidaires entre eux, quoique contradictoires, et solidaires aussi de la logique qui relie l'institution scolaire à la société démocratique. Aller ensuite prêcher que nous courons ainsi au totalitarisme, que c'est la faillite de la démocratie, relève de l'aveuglement le plus pur. D'abord, parce que la défense de la culture a toujours su faire bon ménage avec la haine de la démocratie. Que l'on sache, le très réel attachement de nombre d'universitaires allemands à la plus haute culture ne les a pas empêchés de pactiser avec le nazisme[8]. Ensuite,

8. La mise au point de BRUCKNER (P.) dans son dernier livre, *La mélancolie démocratique*, Seuil, 1990, est sur ce point fort bien venue ; à ceux qui ne s'en satisferaient pas, on conseillera la lecture stupéfiante d'une correspondance de professeurs allemands, pas plus chauvins ou antisémites que d'autres au départ, et qui glissent

parce que c'est bien le lot même de la démocratie, si du moins on ne se paye pas de mots, que de se débattre dans de telles contradictions.

Faut-il, à rebours, se contenter de prendre acte de cette évolution, voire se réjouir en réactivant la vieille théorie de l'école comme microcosme du social, c'est-à-dire de l'homothétie entre la démocratie politique et sociale et la démocratie scolaire ? Cela reviendrait à entériner ces contradictions, dont il est évident que l'école ne pourra longtemps les supporter sans imploser. En outre, ce serait méconnaître deux choses capitales. La première est que la démocratie, plus qu'aucune autre forme de société peut-être, exige que l'on tienne avec vigilance la frontière entre l'enfant et l'adulte, et donc que l'on banisse toute tentation de faire de l'école le reflet de la société globale. Loin d'être à l'unisson de la société, l'école doit plutôt en être comme le contrepoint. Le sociologue américain Neil Postman a souligné ce point avec force, dans un livre trop peu remarqué[9], quoiqu'il ait parfois tendance à en faire une exigence seulement conjoncturelle. Or, elle est bien évidemment structurelle et au plus haut point, comme nous l'a enseigné Hannah Arendt[10]. Cela veut dire qu'il faut prendre l'exigence de la différenciation démocratique au mot, et restaurer l'école comme un espace de

---

insensiblement au nazisme : *Deutsche Bildung ? Briefwechsel zweier Schulmänner 1930-1944*, Insel Verlag, Francfort, 1988.

9. *Enseigner c'est résister*, Le Centurion, 1981. Cf. du même, *Il n'y a plus d'enfance*, INSEP, 1983.

10. ARENDT (H.), « La crise de l'éducation », in *La crise de la culture, op. cit.* Sur la pensée de l'éducation de H. Arendt, cf. la contribution de J. Roman à *L'Éducation, approches philosophiques*, dir. AUZOULIAS (A.), KAHN (P.), THIERRY (P.), PUF, 1990.

l'enfance, à distance des contraintes de la concurrence sociale. L'idée que l'école puisse être le lieu de l'épanouissement de l'enfant a pu donner lieu à des pratiques contestables : elle a aussi beaucoup prêté à des caricatures inconsidérées. L'école doit être centrée sur l'enfant, car c'est bien un espace qui lui est propre qu'elle dessine. Et n'allons pas jusqu'à souhaiter que tous les enfants y soient heureux : du moins serait-ce la moindre des choses s'ils n'y étaient pas malheureux (ou s'ils ne s'y ennuyaient pas, ce qui est le plus souvent la figure du malheur enfantin).

La seconde tient à la manière dont la démocratie est à même de résoudre ou non les contradictions qui la travaillent et qui l'animent : ses propres contradictions appellent des régulations. La logique démocratique promeut à la fois l'individu et le conformisme, l'égalité et la concurrence, l'équivalence entre valeurs et activités et le culte de la performance. Nous héritons, avec l'idée républicaine, de la nécessité d'ordonner la démocratie, de promouvoir des hiérarchies d'importance au sein de cette indistinction, de faire valoir des critères auxquels mesurer l'égalité. Certes, nous l'avons dit, ceux que la République mettait en avant ne peuvent plus convenir : trop fondés sur l'exclusion, et trop tributaires d'un état de la société pour tenir tête aux débordements de cette logique démocratique qu'ils ont pourtant contribué à asseoir. Mais retenons l'idée : il faut distinguer des domaines, séparer les sphères d'activité, fournir des légitimités propres à chacune d'elles. On assimile trop souvent, tant parmi ses détracteurs que parmi ses thuriféraires, la démocratie au marché : celui-ci n'en est qu'un analogue partiel, dont la seule légitimité ne vaut que pour la sphère de l'échange des biens marchands. Truisme nécessaire à rappeler. La démocratie n'épuise pas son sens dans le marché, c'est bien plutôt lui qui puise en elle sa légitimité. C'est dire que le marché ne suffit pas : comme l'a rappelé avec vigueur un philosophe américain, John Rawls, il y faut encore la justice[11].

La justice dans la démocratie et dans l'école

Sans s'engager dans une présentation exhaustive de l'œuvre de celui-ci et des discussions auxquelles elle a donné lieu aux États-Unis, il est possible d'en retenir quelque chose pour notre propos. L'idée de Rawls est de supposer des individus inégaux, mais qui auraient à inventer des règles de justice pour construire une société commune. Il postule que, bien entendu, chacun proposerait des règles qui lui seraient favorables. Pour éviter cet inconvénient, la plupart des théoriciens ont en général introduit une hypothèse très forte, qui fait en réalité disparaître le problème : ils ont supposé les hommes égaux, au moment où ils contractaient ensemble. Leurs déductions sont donc parfaites, mais abstraites. La trouvaille de Rawls est d'avoir postulé non pas des individus égaux, mais des individus qui ignoreraient leur destin et leur condition future : ils sont placés derrière ce qu'il appelle un « voile d'ignorance ». Dans ces conditions, dit-il, ils s'accorderaient nécessairement non pas sur la

11. RAWLS (J.), *Théorie de la justice*, trad. fr. Catherine Audiard, Le Seuil, 1987.

nécessité de faire disparaître toute inégalité, mais sur un critère pour juger des inégalités : le point de vue du plus défavorisé (point de vue qui, après coup, pourrait bien être celui de n'importe lequel d'entre eux).

Au cours du débat que l'œuvre de Rawls a suscité dans la philosophie politique américaine, certains ont fait valoir, contre les aspects trop formels de la déduction rawlsienne, que l'idée de la justice devait d'une certaine manière naître au sein même de la société qui la recherchait, qu'elle ne pouvait avoir la valeur d'une forme extérieure. Ces critiques de Rawls sont appelés « communautaristes », dans la mesure où ils font de la justice une propriété immanente des institutions d'une communauté donnée. Mais il y a une troisième position, particulièrement intéressante : celle de Michael Walzer, pour lequel la justice doit conserver quelque chose de profondément normatif et donc d'extérieur à la logique sociale elle-même. En d'autres termes, si Rawls pactise trop avec l'individualisme en reconstruisant de toutes pièces le lien social sur la base d'un contrat où chacun ne verrait que son avantage, les communautaristes font la part trop belle, eux, aux traditions héritées et pourraient bien servir de nouvelle caution intellectuelle à la restauration d'un ordre moral. L'intérêt de la position adoptée par Walzer est de distinguer des sphères de la justice[12]. Autrement dit, de penser que des critères différents peuvent et doivent valoir pour des sphères d'activité différentes : le social, l'économique, le loisir, et aussi l'éducation. Qu'il faut de la justice dans chacune et qu'on ne saurait

12. C'est le titre de son grand livre, *Spheres of Justice*, Basic Books, 1983.

partout y voir la même justice à l'œuvre : celle qui doit régner dans l'école n'est pas celle de l'échange des biens et du marché, ni non plus celle qui doit prévaloir dans le champ politique.

Une telle analyse nous permettrait peut-être d'échapper aux dilemmes dans lesquels se trouve prise la réflexion sur l'école, condamnée soit à entériner la logique de la concurrence sociale, soit à vouloir à toute force être le moyen de réaliser une société juste. Autrement dit, il s'agit ici de penser un ordre de la justice qui pourrait être propre à l'école.

Or injuste, l'école française l'est de plusieurs façons. D'abord et avant tout, en organisant mieux que toute autre tâche celle de la sélection. Nos républicains ne seront crédibles que lorsqu'ils s'élèveront d'abord contre cette violente intrusion de la concurrence sociale dans l'école, avant de s'en prendre à des manifestations folkloriques d'intégrisme religieux. En soi, le principe qu'il existe des aptitudes différenciées et que celles-ci doivent pouvoir trouver à s'employer socialement, donc conduire à des tâches sociales différenciées, n'est pas critiquable. Pas même n'est critiquable le fait que ces tâches différenciées puissent donner lieu à des places sociales hiérarchisées, si le jeu du marché l'impose et si le principe de l'égal accès à toutes est respecté. Or, à l'évidence ce dernier principe est constamment violé. En outre, le mode de sélection opéré par l'école ne correspond que très imparfaitement à la reconnaissance des aptitudes individuelles. C'est plutôt à partir de formes très déterminées d'aptitudes que s'organise le système, en en excluant rigoureusement tous ceux qui ne les manifestent pas. Enfin, il faudrait sans doute dépenser des trésors d'habileté sophistique pour parvenir à montrer que cette sélection correspond le moins du monde aux places offertes dans la hiérarchie sociale. L'arbitraire culturel est ici total, là encore non pas dans les contenus, mais dans la logique systémique qu'on leur fait jouer. Miser sur la justice et sur une justice propre à l'espace scolaire doit donc être une des tâches prioritaires de qui veut soustraire tant soit peu l'école aux contradictions qui la rongent. Pour cela, il faut commencer par restreindre les ambitions de l'école, mieux en définir le champ propre. Tant qu'on lui demandera de conjuguer transmission des savoirs et des valeurs, promotion sociale et sélection des élites, l'école sera au rouet. La seule justice possible pour l'école c'est de promouvoir l'égal accès de tous à la culture scolaire. Ce qui exige qu'on s'en donne les moyens, pédagogiques et institutionnels. Et aussi qu'on s'entende sur ce que doit être la culture scolaire, et sur la bonne distance qu'elle doit entretenir aux mœurs sociales. Dégager un peu l'école de l'emprise de la concurrence sociale et du poids des imaginaires politiques est un préalable obligé à toute réflexion sur l'éducation aujourd'hui.

2

L'ÉCOLE, UTOPIE POLITIQUE

On ne peut manquer d'être surpris à constater le poids politique de la question scolaire en France. Voilà bien un domaine dans lequel on peut à bon droit attester de la permanence de l'exception française. Ce n'est pas seulement en raison de la centralisation de l'institution éducative, qui fait de l'Éducation nationale l'une des plus grandes entreprises au monde. Ni même de l'ancienneté de la question laïque, et de sa connexion toute naturelle avec la question scolaire. Mais c'est bien là un trait déterminant de la culture politique française, que de faire de l'éducation des enfants un enjeu politique central. Bien entendu, on y voit à l'arrière-plan la lutte que se livrèrent l'Église et la République pour l'encadrement de la jeunesse[1]. Mais ce conflit n'a dû son âpreté qu'à la conviction que l'éducation était une tâche avant tout politique, puisqu'elle décidait du civisme et de la moralité d'un peuple. On mesure ici le poids de l'héritage commun de Rousseau et de Montesquieu,

1. On trouve dans un discours de Jules Ferry une présentation saisissante du thème des « deux jeunesses ». FERRY (Jules), *Discours et opinions*, vol. 3, Armand Colin, 1893-1898.

qui font l'un et l'autre de la vertu des citoyens la garantie du régime républicain, là où d'autres, par exemple, les auteurs américains du *Fédéraliste*[2], moins optimistes sur le genre humain, ou moins convaincus de sa plasticité, s'en remettent à l'équilibre des institutions. Ira-t-on plus loin, et verra-t-on dans ce relatif désintérêt des institutions et dans ce surinvestissement des hommes un héritage de la tradition monarchique, qui, elle aussi, croyait qu'un grand roi ou qu'un bon roi était préférable à un roi limité par un réseau d'institutions ? Et qui, pour ce faire, ne lésina jamais sur les qualités qu'on devait attendre d'un précepteur du dauphin ? Ignorants de l'histoire d'Alexandre, nous avons toujours pensé qu'un grand philosophe pouvait faire un grand roi. Ou peut-être est-ce le rêve démiurgique caché de tout « intellectuel » français d'être ainsi un éducateur ? Quoi qu'il en soit, la Révolution viendra définitivement accréditer l'idée que l'éducation est une tâche avant tout politique, et la République lui emboîtera allègrement le pas.

Mais pour reprendre notre histoire la plus contemporaine, on ne peut manquer de relever que par bien des aspects, la crise de mai 68 a porté sur des questions éducatives, et que, plus récemment, les deux principales crises politiques qu'a connu le premier septennat de Mitterrand, celle de 1984 et celle de 1986, ont eu pour déclencheur des événements touchant à la question de l'éducation. Il ne semble donc pas que l'investissement politique sur l'école se soit particulièrement relâché, au contraire. C'est bien évidemment là un facteur

2. JAY, HAMILTON, JEFFERSON, *Le Fédéraliste* (1776), trad. fr, LGDJ, 1957, rééd. Economica, 1989.

permanent de déstabilisation de l'institution scolaire.

On pourrait en effet prendre les choses autrement et énumérer les divers aspects de la crise du point de vue de l'institution : le doute des enseignants sur leur fonction et leur mission (qu'exprime aussi la revendication d'une meilleure considération sociale et partant salariale), la production massive d'échec scolaire, sans parler des injustices induites par l'opacité et la lourdeur d'un fonctionnement prétendument égalitaire. Enfin, le système éducatif multiplie les effets pervers, et n'est visiblement pas parvenu à digérer sa crise de croissance. Il est lui-même en proie aux contradictions qui sont celles de l'État moderne[3]. Or, cette homothétie ne fait que renforcer la dimension politique de la crise de l'école. Pourquoi, ces dernières années, s'est-on tourné avec autant d'insistance vers le modèle républicain ? C'est pour l'avoir injustement délaissé que nous nous trouvons dans la situation actuelle, disent les uns. Ce sont les survivances de ce vieux système qui entachent encore l'école moderne d'archaïsmes, répondent les autres. Mais tous s'accordent pour reconnaître l'importance de ce modèle et sa prégnance sur l'institution tout entière. Or ce modèle est celui d'une institution fondamentalement politique.

A l'évidence, leur querelle illustre à merveille le caractère structurel de la crise de l'institution scolaire.

---

3. ROSANVALLON (P.), *La crise de l'État-providence*, Seuil, 1984 ; *Le pari de la responsabilité*, rapport de la commission Efficacité de l'État, présidée par F. de Closets, Documentation française et éditions Payot, 1989 ; des analyses systémiques de la crise de l'école ont été fournies par le rapport Lesourne, *Éducation et société : les défis de l'an 2000*, Découverte, Monde, 1988.

Car l'un des traits les plus marquants des discours de la crise, c'est leur rémanence. Ils commencent avec l'école elle-même : dès le début, la baisse de niveau est l'un des leitmotive des responsables de l'éducation, tandis que l'archaïsme des méthodes et des contenus d'enseignement, et leur inadaptation, est l'un des chevaux de bataille des réformateurs. Mais l'ancienneté de ces représentations complices et adverses, n'est pas en soi un argument pour leur caducité. Il est d'ailleurs plaisant de remarquer que, pour les tenants de la tradition, d'un retour en arrière, les réactionnaires au sens propre du terme, l'effondrement du niveau est toujours un phénomène récent, ou même une catastrophe imminente. Tandis que les réformateurs, les yeux rivés sur l'avenir, ne cessent de rappeler que l'école a toujours été en réforme permanente. C'est que les uns comme les autres sont hantés par un même idéal : produire par l'école un peuple civique. La sacralisation de l'école dans la tradition française, qui se marque jusque dans la valorisation extrême du diplôme dans le champ économique et professionnel, est l'effet d'un investissement prioritairement politique : le péril de la barbarie, seule l'école serait à même d'en triompher.

Il faut d'ailleurs souligner que cette confiance dans les vertus politiques de la tâche éducative se redouble en France d'une conception toute pédagogique du politique : Claude Nicolet l'avait déjà relevé pour la tradition républicaine[4]. Mais là encore, pour ne prendre qu'un passé récent, combien de nos gouvernants ne se sont-ils pas comportés vis-à-vis de nous comme de patients (plus

4. Cf. NICOLET (C.), *L'idée républicaine en France, op. cit.*

ou moins, d'ailleurs) pédagogues ? La fameuse mainmise du pouvoir sur l'audiovisuel, et particulièrement sur la télévision ne se comprend guère si l'on n'accorde pas toute sa place à cette variante pédagogique de l'action politique. On remarquera d'ailleurs qu'il a fallu, pour que l'idée d'un moindre contrôle des pouvoirs publics sur la télévision puisse s'accréditer, qu'elle s'émancipe de cette fonction pédagogique, et se reconnaisse mieux dans une fonction plus récréative que culturelle.

Politique et pédagogie sont donc indissolublement liées dans la tradition française. Au cours du dernier siècle cette liaison a toutefois pris plusieurs visages successifs. On peut aisément en discerner trois principaux : le moment de la fondation républicaine, celui de la démocratisation, et enfin celui de la modernisation.

La fondation républicaine

Former des citoyens : telle fut la mission impartie à l'école par Jules Ferry et les républicains des débuts de la IIIe République. Cette ambition est solidaire d'une croyance dans la puissance de l'éducation et dans les effets émancipateurs du savoir. Mais gardons nous aussi des illusions rétrospectives. Dans les débats sur l'institution scolaire, l'histoire est bien souvent revisitée à la va-vite et on lui demande surtout des arguments pour justifier telle ou telle position sur la crise, la baisse du niveau, la nécessité de moderniser « l'appareil éducatif », etc. S'opposent ainsi des images d'Épinal en noir et blanc, un âge d'or des blouses grises et du certificat d'études, ou une évocation des sombres temps de l'autoritarisme et de l'inculcation normalisatrice ; la maîtrise des finesses de la langue latine, ou la bêtise routinière des récitations et des exercices de copie. Il y a peu de chance que les patients travaux des historiens mettent fin aux « usages pédagogiques » qui veulent de manière trop intéressée « tirer les leçons » de l'histoire.

L'histoire ne peut ni ne veut nous donner une légende ou une théodicée de l'école, et donc aucune « foi pédagogique », comme le croyait Durkheim. Il y a bien eu une armée de hussards noirs, dévoués corps et âme à la République : cette armée, comme toute armée, a aussi compté ses déserteurs, francs-tireurs, et pire, a connu des états d'âme[5]. Dès le début, la question de la condition matérielle des institueurs fait problème. S'ils sont souvent aussi secrétaires de mairie, c'est davantage pour arrondir des fins de mois difficiles que par engagement civique. Ne surestimons pas le degré de conscience républicaine de ces pionniers, ni leur bagage culturel. Souvent leur conviction se ramène à un solide anticléricalisme, leur horizon intellectuel est celui des manuels, leur fierté est d'avoir échappé au travail de la terre et de porter cravate. Ce n'est pas rien : difficile pourtant d'en faire un idéal perdu.

Il en va de même pour l'école : plus soucieux de vérité que d'effets rhétoriques, des historiens comme Dominique Julia ont rapporté ce qu'elle avait passé de compromis avec les pouvoirs locaux, avec les coutumes,

5. Cf. le roman de LAVERGNE (Antonin), *Jean Coste*, qui devait inspirer à Péguy les pages de son *De Jean Coste*. Les deux livres ont été réédités en un seul volume par A. Roche, Klincksieck, 1976.

avec les particularismes[6]. Mieux : elle leur fait explicitement place dans des cursus qui comprennent au moins autant de « préparation à la vie active » que de dévouement au vrai, au beau et au bien : l'école fermée sur elle-même a toujours été un mythe. Elle est néanmoins très sacralisée, et une forte demande sociale l'accompagne quand elle ne la précède pas, encore qu'on voit des endroits où l'offre d'école anticipe sur la demande. Les distorsions entre Nord et Midi, par exemple, doivent autant à la sous-industrialisation de ce dernier qu'à la force d'attraction de l'école.

Reste une mystique et une légende, indéniables. C'est que la République a besoin de l'école. Celle-ci en est le temple, où les vertus civiques sont honorées, où une égalité de droit est réalisée, puisqu'elle met chacun aux prises avec le savoir, où l'identité entre la nation française et l'universalisme des droits de l'homme est exaltée, où l'on pratique la laïcité comme religion civile.

A se complaire toutefois dans ce miroir, on oublie qu'il fut dès le début une idéalisation. C'est davantage le mythe de l'école que l'école réelle. Et d'abord parce que la réalité est celle de deux écoles : celle qu'on idéalise ainsi, c'est l'école du peuple, la communale, en effet gratuite. En ces temps qu'on veut héroïques, l'héroïsme ne va pas jusqu'à mêler les enfants du peuple à ceux de la bourgeoisie. Comme toujours, cette France est aussi celle du double langage : grattez le vernis républicain, apparaît une société extrêmement hiérarchisée, figée dans sa mobilité sociale, sans réelle filière de promotion popu-

6. JULIA (D.), « La République, L'Église et l'immigration. La laïcité dans l'histoire », *Le Débat*, n° 58, janv.-févr. 1990.

laire (dans le même temps, en Allemagne, l'école du peuple permet de déboucher par la voie professionnelle sur une vraie promotion sociale). Et l'école des riches, celle qui, publique ou privée, est payante, n'est pas seulement fermée dans son accès : tout y conspire vers le passé. L'idée d'un cursus moderne, où la part du latin ne serait plus prépondérante, suscite des tollés. Les premières filles ne passent le baccalauréat que vers 1930. Le corpus des connaissances diffère peu de celui exigé par les jésuites au XVIIIe siècle.

On comprend dès lors que le mot d'ordre des réformateurs soit toujours davantage celui d'unification : seul un système unifié pourrait installer cette égalité que la République postule. Lui seul pourrait mettre un terme au conflit qui oppose la volonté de *démocratisation* — qui recouvre à la fois le désir de donner une formation de base identique à tous et celui de parvenir par l'école à une démocratisation de la société — et la volonté de *sélection*, qui correspond à la nécessité pour l'école de fournir des qualifications diversifiées au moins autant qu'à celle de reproduire les stratifications sociales. Il y faudra près d'un siècle, puisque c'est en 1975, avec René Haby, qu'elle est achevée. Le problème sera-t-il alors résolu ?

La démocratisation

Démocratisation, ce maître mot du plan Langevin-Wallon veut donc d'abord dire unification[7]. Par là

---

7. Cf. PROST (A.), *Histoire de l'enseignement en France, 1800-*

s'affirme une des grandes constantes des politiques éducatives : celles-ci privilégieront toujours les réformes de structure. Tout le reste est traité en fonction de cet impératif central : les enseignants, les programmes, les cursus proprement dit. On commence donc, pendant l'entre-deux-guerres, par réunir le primaire et les petites classes des lycées, puis on rapproche progressivement le primaire supérieur de ce qui ne s'appelle pas encore les premiers cycles des lycées. Avec Vichy, les instituteurs seront bacheliers[8]. Enfin, les espoirs de la Résistance aboutiront au plan Langevin-Wallon. Il faudra un jour faire l'histoire des conflits qui ont opposé des enseignants attachés viscéralement à ce plan aux différents responsables ministériels, dont rétrospectivement on constate qu'ils en ont réalisé point par point le programme. Quoi qu'il en soit, tant que demeure l'ombre d'une filière, d'une ségrégation institutionnelle, on y voit une entorse à la démocratie. L'égalité devant le savoir et la loi s'est muée en égalité des chances : on confie à l'école le soin de faire advenir une société meilleure.

On a souvent ironisé sur la prépondérance des enseignants dans les organisations de la gauche politique : il aurait fallu au moins prêter attention au fait inverse, la transformation progressive du socialisme en idéologie du progrès par l'école. La radicalisation socialiste de la thématique républicaine a abouti à cette variante péda-

---

1968, Armand Colin, 1967. Voir aussi, sous sa direction, le t. IV de *Histoire générale de l'enseignement et de l'éducation en France*, Nouvelle librairie de France, 1983.

8. TALBOTT (John E.), *The politics of Educationnal Reform in France, 1918-1940*, Princeton University Press, 1969.

gogiste de l'idée de transformation sociale. La société socialiste n'arrivera qu'au terme d'une transformation de l'école. La crise contemporaine du socialisme tient au moins autant à l'abandon par les socialistes de la croyance dans la toute puissance de l'éducation, quoiqu'il en reste quelque chose dans la thématique de la formation, qu'à leur conversion au marché.

Or la démocratisation fut réelle, mais partielle[9]. Les filières une fois unifiées, la ségrégation sociale poursuit son œuvre, souterrainement : la sociologie critique en fera ses choux gras, les enseignants en concevront une mauvaise conscience durable, les politiques y verront une invite à renoncer à toute réforme après en avoir abusé. La carte scolaire, d'instrument de régulation des flux et de planification quantitative, va se muer en garantie de brassage social, aussitôt régulièrement contournée, sous prétexte d'options, de lieu de travail ou de grands-parents accueillants[10]. Bientôt, elle est vécue comme une contrainte inadmissible. Le privé, c'est-à-dire le confessionnel, n'est ici que l'instrument d'une souplesse que la pression sociale exige. *Le Monde de l'éducation* dénonce l'échec scolaire et publie le palmarès des établissements.

L'utopie est finie ; il faut autre chose que l'école pour faire une société juste, ou encore : on ne peut faire une société idéale, c'est-à-dire uniquement peuplée d'agrégés. La question est désormais à reprendre à zéro.

9. PROST (A.), *L'enseignement s'est-il démocratisé, op. cit.*
10. BERTHELOT (J.-M.), *Le piège scolaire*, PUF, 1983 ; BALLION (R.), *Les consommateurs d'école*, Stock, 1982.

La modernisation

Au lendemain de la guerre, la France se découvre moderne : pêle-mêle, c'est le plan plus le linoléum, les tracteurs et les néons dans les bistrots, le nylon et l'électroménager. En vingt ans, nous sommes passés du post Moyen Âge au XXIe siècle. De quoi un peu ébranler une société. Or l'école, c'est l'antimoderne par excellence : conservatrice des traditions du passé, elle incarne toutes les ringardises. On le lui fera bien sentir, lui reprochant d'avoir manqué les « révolutions » technologiques successives : l'audiovisuel, puis l'informatique. Reproche cocasse quand on y pense : pourquoi pas le téléphone, l'automobile ou l'avion ? L'école ne peut intégrer que les technologies dont elle a l'usage, pas les autres : qu'aurait-elle fait de la télévision ? En revanche, la micro-informatique y fraye sa voie, plus vite que prévu et malgré des choix techonologico-politico-commerciaux désastreux[11].

Or cette école qu'on brocarde a été à la pointe de la modernisation : les constructions d'abord. A-t-on songé que l'effort immobilier fut comparable à celui de la IIIe République ? Par malheur, il y eut plus d'un CES Pailleron : c'était l'urgence, aussi, et le préfabriqué paraissait tellement moderne ! Les programmes ensuite : d'insulte, « moderne » est devenu le qualificatif obligé de toute discipline. Relisez les couvertures des manuels des années

11. Pour une évaluation du plan « Informatique pour tous » lancé par L. Fabius, cf. GRANDBASTIEN (M.), *Les technologies nouvelles dans l'enseignement général et technique*, Rapport aux secrétariat d'État chargé de l'enseignement technique, Documentation française, 1990.

soixante : l'anglais, le français, la géographie et même le latin et l'histoire y sont modernes. Mais la palme revient évidemment aux maths : les « maths modernes », dont on a oublié les querelles et surtout les angoisses qu'elles firent vivre aux éducateurs, furent le fleuron de cette école. Bourbaki à la maternelle : que pouvait-on rêver de mieux ? Après tout, patates contre bâtonnets, une pédagogie en vaut une autre. D'ailleurs, on y fit aussi de la pédagogie moderne : les savants qui viennent aujourd'hui doctement rappeler leurs exigences ont-ils oublié que les fourriers de la modernisation pédagogique s'appelaient Piaget, Lichnerowicz, ou Canguilhem ? Excusez du peu...

Ce qui frappe rétrospectivement, c'est à quel point la conversion moderniste d'une institution conservatrice par essence fut rapide, massive, et unanime. Quitte à ce que des archaïsmes subsistent ici ou là : la férule des inspecteurs est ce qu'elle est, mais ne peut rien contre les vieux manuels qui traînent, le poids des images, les souvenirs d'enfance. En tout cas, l'école s'est, du mieux qu'elle a pu, conformée à l'impératif de modernisation en assumant la tâche de promouvoir une efficacité d'ordre social.

Cet impératif de modernisation n'est-il que la plus récente figure d'une vieille injonction faite à l'école, celle d'être « utile » ? Le Peletier de Saint-Fargeau[12] avait

12. Le Peletier de Saint-Fargeau (1760-1793), auteur, en 1793, d'un « Plan d'éducation nationale ». Poignardé par un royaliste après avoir voté la mort du roi, il meurt le 20 janvier 1793. En juin, c'est Robespierre qui présentera son rapport à la Convention. « Il pousse à l'extrême la tendance égalitariste et étatiste en matière

déjà envisagé cet ordre de l'utile. La loi écrite suppose que les individus sachent lire, le développement de l'État moderne le commande. L'état des techniques, la bonne marche de l'économie ou de la société, la paix sociale ou la prospérité générale, autant de raisons régulièrement invoquées pour mettre en avant la nécessité sociale de tel ou tel enseignement pour un « grand nombre », à commencer par les diverses variantes du lire, écrire, compter. Il s'agit d'acquisition de « compétences », qui ne sont pas nécessairement du savoir, mais des savoir-faire « utiles » : utiles autant aux individus qu'à la bonne marche d'un ensemble qui les utilise. Les argumentations qui se réclament de cet ordre de l'utile prennent le plus souvent le visage de l'urgence. Dans l'urgence, on n'a plus le choix, dit-on, et les nécessités du moment s'imposent sans discussion. Urgence à former des techniciens ou à sauver la patrie en danger intérieur : il y a des variantes, dont la plus évidente fut la version révolutionnaire du « salut public ».

Certes, l'impératif de modernisation a substitué aux urgences révolutionnaires puis républicaines celles de 1992, ou de l'an 2000. Mais cette thématique a aussi son originalité propre, dans la mesure où elle a pu représenter pour l'école une figure spécifique de « l'ardente obligation[13] ». Avec la modernisation, ce n'est pas seulement une école adaptée à la société actuelle qu'il faut faire, mais une école qui prépare l'avenir : les

---

d'éducation » [BACZKO (B.), *Une éducation pour la démocratie*, Garnier, 1982].

13. L'expression est de Jean Monnet, appliquée à l'idée de planification, dans les années 50.

enfants d'aujourd'hui seront les adultes de demain. La « formation » vient ainsi en solution miracle à tous les problèmes : chômage, compétitivité industrielle, commerce extérieur. Mais c'est aussi dans l'ordre de la formation civique que le thème fait sentir ses effets : il faut que l'école prépare des citoyens-consommateurs, des citoyens-techniciens, des citoyens-responsables de leur santé, etc. Éducation à la consommation, éducation à la santé, formation professionnelle anticipent à l'école la figure d'un adulte socialement inséré. Le paradoxe est que, ce faisant, ce qui relève de la culture est confiné dans le domaine de la gratuité. Au regard de ces fins, les contenus culturels transmis par l'école vont apparaître comme arbitraires et bientôt dériver vers la seule créativité expressive. Le saut dans l'utopie de l'avenir est ainsi, plus encore que dans les précédentes figures, le ressort de la modernisation.

Là aussi les déconvenues sont récentes : modernes ou pas, les enfants sont des enfants, les structures sont là, les programmes et les difficultés pédagogiques aussi. Là encore, on a cru que l'école serait le fourrier de la modernité sociale et politique ; et même on le croit encore, ou du moins on fait semblant : le mot d'ordre de 80 % d'une classe d'âge au baccalauréat, repris unanimement par tous les politiques à la suite d'une étourderie de Jean-Pierre Chevènement, le dit assez.

L'utopie scolaire

La tentation est grande d'attendre de l'école qu'à travers la formation de la jeune génération, elle prépare une société meilleure. Imaginairement, elle est le lieu où se résoudront les difficultés de l'évolution sociale ou des révolutions politiques. L'utopie scolaire, c'est l'imaginaire d'une société rêvant par elle son avenir, sans arriver à le penser. Or, si la floraison des utopies réjouit la littérature, témoigne de désirs d'initiative et de la dynamique de sociétés où l'on substitue la décision au destin, si l'utopie est donc libre manifestation des « imaginaires sociaux[14] », nous avons toutefois appris à nous méfier de toute entreprise politique de réalisation de l'utopie, de toute dérive la prenant pour mirage monstrueux afin de totaliser une société. L'utopie témoigne d'abord qu'on peut rêver d'espaces de liberté : figurant un ailleurs radical, elle relève les limites d'un réel qui apparaît comme devant être transformé. Elle « empêche l'horizon d'attente de fusionner avec le champ de l'expérience », dit Paul Ricœur. Mais dès que l'utopie sort de ce rôle, c'est elle qui, dérapant, réduit les possibles, c'est elle que l'on charge de concilier rêveusement les contraires et d'assumer fictivement les aspérités du réel. Dès qu'elle cesse d'être à la marge, elle gomme toute marginalité. Elle arrête le temps au lieu d'instituer des espaces viables. Elle devient mortifère. La crise des utopies politiques peut donc délivrer l'école d'une charge redoutable pour les enfants : celle de l'imaginaire des adultes.

Or en France, l'inévitable tentation de projection politique que suscite le champ de l'éducation s'est doublé d'un imaginaire politique hérité de la Révolution, et qui suppose une rupture radicale avec le passé et la possibilité de « régénérer » le peuple, de faire un homme

14. Selon le titre du livre de BACZKO (B.), *Les imaginaires sociaux*, Payot, 1984.

nouveau. Quoi de plus naturel alors que de se tourner vers l'école, comme creuset de la citoyenneté, pour cette entreprise de « régénération ». Un des textes les plus clairs sur cette ambition est, par exemple, celui de Rabaut de Saint-Étienne :

« Il faut distinguer l'instruction de l'éducation nationale. L'instruction publique éclaire et exerce l'esprit, l'éducation doit former le cœur ; la première doit donner des lumières, et la seconde des vertus ; la première fera le lustre de la société, la seconde en fera la consistance et la force. L'instruction publique demande des lycées, des collèges, des académies, des livres, des instruments, des calculs, des méthodes, elle s'enferme dans des murs ; l'éducation nationale demande des cirques, des gymnases, des armes, des jeux publics, des fêtes nationales, le concours fraternel de tous les âges et de tous les sexes, et le spectacle imposant et doux de la société assemblée ; elle veut un grand espace, le spectacle des champs et de la nature[15]. »

Cette double tâche distribue d'un côté l'émancipation de l'individu par l'acquisition des savoirs et l'instruction, de l'autre la refondation de la société, par l'éducation de la volonté au bien public. Ces finalités s'accordent-elles ? Sont-elles conciliables et comment ? Si elles sont incompatibles, ou inégales, comment va-t-on choisir ? Rabaut de Saint-Étienne est clair, là encore, quant à son choix : « L'éducation nationale est l'aliment nécessaire à tous ; l'instruction publique est le partage de

15. J.P. Rabaut Saint-Étienne (1743-1793), girondin décrété d'arrestation le 2 juin 1793 ; son « Projet d'éducation nationale » du 21 décembre 1792, est publié par BACZKO (B.), *Une éducation pour la démocratie, op. cit.*

quelques-uns. Elle sont sœurs, mais l'éducation nationale est l'aînée. Que dis-je, c'est la mère commune de tous les citoyens, qui leur donne à tous le même lait, qui les élève et les traite comme frères et qui, par la communauté des soins leur donne un air de ressemblance et de famille, qui distingue un peuple ainsi élevé de tous les autres peuples de la terre. »

Dans ces débats de l'époque révolutionnaire, les positions sont multiples qui voient les uns confier aux fêtes la mission d'instruction et à l'école celle d'éducation, les autres faire l'inverse et certains refuser ce partage. On pourrait ainsi comparer le texte de Rabaut de Saint-Étienne avec une « option » différente : celle de Condorcet, pour qui la priorité est l'instruction, ou bien avec le projet encore plus « radical » de Le Peletier de Saint-Fargeau. Il est tentant d'opposer alors le jacobinisme prétotalitaire, qui miserait avant tout sur l'éducation, à un libéralisme républicain, soucieux d'émancipation individuelle par l'instruction. Mais il faut remarquer que pour Condorcet, l'éducation suivra, et que cette instruction est précisément la seule éducation légitime d'un citoyen. Inversement, même dans ses versions les plus radicales, le programme jacobin n'oublie jamais que la diffusion des Lumières, l'usage de la raison, est le principal moyen d'éducation qu'il conçoit. Certes, selon Condorcet, l'école est un devoir de justice de la nation envers l'individu : elle est une dette, avant d'être une nécessité pour la nation, la société ou l'État. En effet, le savoir est une condition nécessaire de la liberté (l'ignorance entraînant un état de dépendance). L'égalité exige en outre qu'il soit accessible à tous. On comprend que la IIIe République l'ait pris pour modèle. Mais opposer trop schématiquement instruction et éducation manque le fait que ce sont bien deux pensées de l'éducation qui s'opposent, et que c'est en fonction de la confiance ou de la méfiance en la raison humaine que se conçoivent ces deux éducations et la place qu'elles font à l'instruction. Ce sont aussi deux conceptions du temps qui les distinguent. Si l'on n'a pas le temps, il faut persuader et conditionner. Si on a le temps, on peut former... Bref, ce sont des pensées dont l'ambition commune est la régénération, selon les termes des révolutionnaires, l'idéal de l'homme nouveau, dont la complexité a été mise en lumière par Mona Ozouf[16].

L'entreprise d'émancipation intellectuelle, placée sous le signe des lumières, l'objectif de l'égalité des citoyens, la volonté d'éradiquer les particularismes et d'édifier la république une et indivisible, une nation fraternelle, voilà ce qui était dit, diversement, dans instruction et éducation. Or voilà qui constitue l'école en problème politique, et du coup en problème à la fois crucial et complexe. Elle est le lieu, le moyen et le modèle de l'horizon révolutionnaire. De cette problématique spécifiquement française, nous sommes les héritiers. Non pas seulement instruire, mais faire l'homme nouveau, le peuple fraternel. L'école n'y suffit pas, on l'a vu, il faut des fêtes, qui culmineront sans doute dans le culte de l'Être suprême. Celles-ci sont destinées à abolir complè-

---

16. OZOUF (M.), *L'homme régénéré*, Gallimard, 1989. Sur l'ensemble de ce chapitre, cf. les problématiques développées par Mona Ozouf dans *L'École, l'Église et la République*, Armand Colin, 1964, rééd. Cana, 1981 et dans *A l'école de la France*, Gallimard, 1984.

tement les vestiges de l'ancien ordre social, convaincre et neutraliser les ennemis de la patrie, ainsi qu'à éclairer le peuple des adultes en même temps qu'on commence d'instruire les enfants dans les écoles.

Du fait de cet investissement initial des termes d'instruction et d'éducation par l'enjeu politique, la tradition française rend la question scolaire captive du mythe de la régénération. Et derrière la régénération se profile l'utopie d'une « institution rationnelle du social ». C'est sur l'école que repose l'achèvement de la révolution. D'entrée, dès le projet d'instituer l'école publique en France, il s'agit d'une pédagogie du social, d'une société tout entière susceptible de pédagogie. Mais la tension entre les deux aspects de cette ambition demeure : l'institution scolaire est ainsi sommée de répondre à deux impératifs contradictoires. Le premier, même s'il se formule historiquement en des termes très divers, engage à faire du semblable, du même, de l'homogène, dans la perspective d'une fondation du corps social. L'autre impératif, aux antipodes du premier, est de faire du différent, de respecter l'individu et même d'ancrer son autonomie. La IIIe République a su trouver deux formes de compromis entre ces exigences. D'abord en construisant un double système d'enseignement, qui non seulement est socialement stratifié, mais surtout qui réserve la tâche de fondation à l'école du peuple, tandis que la transmission culturelle est pour l'essentiel dévolue à une filière des élites. Ensuite, en articulant un modèle de l'éducation essentiellement ordonné à l'instruction, c'est-à-dire en ancrant la tâche d'homogénéisation du corps politique sur l'exigence de construction d'autonomie individuelle. La société n'est pas une totalité organique, mais résulte du libre assemblement de volontés singulières : on retrouve là le vieux modèle du contrat. La dynamique portée par la tension entre cette double exigence va ensuite se développer à la mesure de l'allongement de la scolarité obligatoire et de l'unification progressive du système d'enseignement, mais notre école est aujourd'hui encore soumise au même conflit. L'intensité et la diversité des attentes envers l'école se traduisent plus que jamais en injonctions contradictoires : l'école doit promouvoir l'égalité des chances, et elle doit être sélective ; elle doit assurer la cohésion sociale, et garantir la promotion individuelle ; elle doit transmettre des références communes, et reconnaître la diversité des appartenances individuelles ; bref, être Racine et Corneille à la fois, c'est-à-dire s'adresser aux enfants et à la société tels qu'ils sont, mais aussi tels qu'ils devraient être. Quoi d'étonnant dès lors qu'elle verse plus souvent qu'il ne faut dans la comédie à la Molière ?

Même le retour en grâce récent du modèle républicain n'échappe pas à cette antinomie. Dans l'expression de Jean-Pierre Chevènement, « apprendre pour entreprendre » s'est de nouveau dit une belle harmonie, remarquée par J. Rancière[17]. Trop belle justement pour ne pas être soupçonnée : sous couvert de républicanisme restauré, on a en fait davantage soumis les enfants aux exigences de la concurrence. L'élitisme républicain a « servi » une autre cause[18]. Chacun s'est

---

17. RANCIÈRE (J.), « École production égalité », *in L'école de la démocratie*, X. Renou éd., Fondation Diderot, Edilig, 1988.

18. COQ (G.) et ROMAN (J.), « Chevènement restaure l'école ? », *in Esprit*, avril 1985.

reconnu dans ce slogan : mais les uns y voyaient un juste retour à la mission d'instauration égalitaire par l'instruction, là où les autres entendaient la légitimité conférée à l'usage de l'école comme instrument de promotion individuelle. Comme il se doit, c'est la réalité sociologique qui l'emporte, et ce sont les enfants qui en font les frais.

Conjoindre la démocratie du droit à l'instruction pour tous avec la sélection des meilleurs, tels sont les mandats que nous lègue l'école républicaine. S'y ajoute une mission de régénération du corps social par une école réparatrice de toutes les déchirures du lien social. Quand bien même le modèle républicain n'aurait rien perdu de sa vitalité politique, qui ne voit que ce sont là des exigences démesurées et, à la lettre, intenables ?

Entre le privé et le public, entre le social et le politique, entre l'école et son contexte, il restera sans doute des tensions indépassables et de fait éventuellement positives, à certaines conditions, dont la première est de les reconnaître. Le problème est donc de passer d'injonctions contradictoires intenables à ces tensions vivables qu'il faut d'abord repérer. Il faut probablement abandonner l'idée de « surmonter » les contradictions. La seule issue est, sans rêver de trancher ou de dénouer définitivement ce nœud, d'introduire un peu d'espace, de « jeu » dans cette tradition qui se défait : mettre les liens à distance, les faire jouer, pour essayer ensuite d'en jouer. On fait l'hypothèse que leur mise en évidence permettra d'affronter les contradictions de l'individualisme démocratique avec quelque décision, avec aussi un « humour de la sagesse », qui évite la fuite du fatalisme démissionnaire, comme le zèle grandiloquent et dérisoire du grand sérieux militant.

C'est seulement à condition de faire notre deuil de la régénération, de l'exigence d'instituer un peuple enfin républicain, de réaliser la société juste, bref, d'un rôle avant tout politique, que l'on pourra exiger de l'école qu'elle remplisse des missions plus limitées et plus pertinentes. L'école, pour faire le travail qu'on est en droit d'exiger d'elle, doit d'abord être exonérée de la tâche de sauver la société, la république, ou la révolution, ou même, dans la version la plus contemporaine dont on ne sait si elle est plus faible ou plus ambitieuse, de permettre à tous d'être les meilleurs.

3

LIMITER L'ÉCOLE

Il s'agit donc moins d'échapper aux contraintes qui pèsent sur l'école que d'en limiter les effets. A cette fin, limiter l'école. « Moins d'école », envisagions-nous comme titre à cet ouvrage, de manière un peu provocatrice certes, mais pour souligner les dangers d'une trop grande demande et d'une trop grande confiance accordée à la scolarisation. Limites de l'école donc, en trois sens : limite comme impuissance car l'école sera toujours impuissante à étancher tous nos rêves ; limite comme interdit, de manière à ne pas outrepasser le droit de l'école, et en particulier à se souvenir qu'elle est faite pour les enfants ; limite comme frontière, qui garantit un espace scolaire, certes non clos, mais protégé.

Et pour cela, la première des choses est de réduire les attentes envers l'école. Nous attendons de l'école tout et son contraire. Elle ne peut bien entendu y répondre. Il faut donc commencer par préciser et hiérarchiser ses missions. La première limitation est relative aux missions de l'école. Que lui demande-t-on ? Et qui le lui demande ? Qui est habilité à formuler cette demande ? Quelle instance est à même de pouvoir dire les attentes légitimes et celles qui ne le sont pas ?

On rencontre ainsi une seconde limitation de l'école concernant l'emprise du pédagogique. Que l'école soit immergée dans une société a aussi comme corrélat que le pédagogique ne saurait être tout puissant. Il ne l'est pas et il ne doit pas l'être. Or l'utopie pédagogique a toujours été celle d'une emprise, sinon totale, du moins qui assure la conformité de l'éduqué aux fins que se propose l'éducateur. Il faut cependant en arriver à estimer que le pédagogue prépare la place de sa propre abolition. Il doit travailler à sa suppression. Vieux rêve, toujours aussi difficile à mettre en œuvre.

Enfin il est nécessaire de penser les limites de l'école vis-à-vis de la société en général : qu'est-ce qui du social, de ses violences et de ses divisions, doit être neutralisé à l'école ? Quelles appartenances sociales, culturelles, cultuelles doivent être écartées ? Une certaine tradition laïque répond volontiers : toutes. Si elle a beau être ferme et nette, la réponse n'en est pas moins inadéquate. D'abord parce qu'en fait, l'école n'a cessé de pactiser avec ces appartenances, de trouver avec elles des compromis. Ensuite, parce que se donne là aussi le terreau à partir duquel l'école pourra agir, le sol qu'elle pourra transformer et contester, mais qu'elle ne peut totalement ignorer. Limiter l'école donc, mais sans s'obnubiler sur cette clôture, sous peine de retomber dans l'utopie pédagogique totale. Et ainsi parvenir à articuler la fermeture nécessaire de l'institution et son ouverture non moins nécessaire[1]. Le rêve illichien d'une société

1. Cette réflexion sur les limites de l'école était déjà formulée très clairement dans *L'école nécessaire*, document publié en 1983, par « École et société », 16, rue Laplace, 94350 Arcueil.

sans école n'a pu rencontrer un tel succès chez nous que parce qu'il incarnait l'exact contrepied de notre tradition scolaire, qui n'en finissait plus de s'exténuer. Peut-être y a-t-il à choisir des alternatives moins tranchées.

Missions de l'école

L'école ne peut pas tout, disions-nous. Il nous semble même qu'une des principales raisons de la crise de l'école aujourd'hui tient à l'indétermination et à la croissance indéfinie des demandes qui lui sont adressées. Le bond en avant quantitatif de ces dernières années cache mal une incertitude quasi-totale quant aux missions qu'il importe de lui confier. Les missions de l'école n'ont pas la généralité indéterminée des fins de l'éducation. Il est temps d'en finir avec la très ancienne rhétorique pour dissertations pédagogiques, où l'on ne cesse d'opposer l'idéalisme supposé de Rousseau au positivisme réaliste (tout aussi supposé) de Durkheim, les fins aux fonctions. Le pas de deux que jouent, dans l'espace d'un débat aussi vieux que l'école républicaine, les finalités dictées par le philosophe et les fonctions révélées par le sociologue, constitue la matrice à courte vue de bien des réflexions où les réponses sont déjà contenues dans les présupposés. Ainsi ces belles questions d'une enquête sociologique adressée à des instituteurs : « Quelles devraient être, selon vous, les finalités de l'école ? Quelles sont les fonctions que remplit l'école aujourd'hui ? » Au conditionnel des finalités, s'opposera l'indicatif des fonctions, au « selon vous » des convictions personnelles, la dure réalité sociale de « l'aujourd'hui ». Dans leur réponse, les acteurs exprimeront maladroitement les effets d'une loi d'airain du fonctionnement social, qui est bien entendu l'affaire du sociologue !

De fait, il n'y a rien d'étonnant ni d'illégitime à ce que les fins de l'école soient de l'ordre de l'idéal, si l'on entend par là un horizon d'idées régulatrices qui, même hors d'atteinte, orientent les effets sur le réel et leur donnent sens. Mais cette acception philosophique des fins, indispensable et respectable dans son ordre, ne peut traduire ce que la société confie à l'école comme mandat. Le terme de missions paraît donc plus indiqué. Il désigne — ou devrait désigner — le mandat que reçoit l'école. Et comme tout mandat, il a — ou devrait avoir — des limites explicites, limites dans la tâche à accomplir, et dans le temps. Elles définissent la responsabilité de l'institution scolaire, ce sur quoi, et exclusivement, elle a à rendre des comptes.

On sait désormais que certaines des missions traditionnellement dévolues à l'école française la corrompent sans qu'elle ne parvienne à les assumer. Ce sont celles qu'on pourrait ranger sous la rubrique des utopies politiques, qu'elles aient pris la figure de la régénérescence, de la formation du citoyen (version faible de la précédente), ou plus récemment de la démocratisation et de la modernisation. Ce sont là des fins d'adultes qui exigent un débat politique. Ce ne sont pas des fins pédagogiques.

Dégagées des utopies, et préservées d'elles négativement, quelles sont donc les missions effectives de l'école ? Classiquement d'éducation et d'instruction. On y a ajouté un troisième terme : celui de socialisation. Éducation et instruction se présentent d'abord comme indissolublement liées, car tel est le destin de l'école française, de ne concevoir la première que par le truchement de la seconde, et de concevoir la seconde comme fondamentalement éducative. Or nous ne croyons plus aujourd'hui dans les vertus de cette conjonction. Pour diverses raisons : la foi positiviste dans la valeur de l'instruction s'est trouvée mise en cause par la barbarie moderne, issue d'une civilisation cultivée et technique. Ensuite, le savoir de base dont l'école s'était pourvue pour le constituer en élément d'émancipation s'est trouvé éclaté : dissociation des deux cultures, selon Edgar Snow, en un écart croissant que Michel Serres cherche à réduire, mais qui insiste, du fait de l'éclatement propre aux sciences, et de la perte de confiance dans un corpus de références communes, de nature historico-littéraires[2]. Troisièmement, enfin, cette équation s'est défaite sous l'effet du succès de l'école. Car d'une certaine manière cela a trop bien marché ; c'est la constitution d'une jeunesse, par l'allongement de la scolarité obligatoire et par la diffusion de cette culture scolaire qui est venue signifier les limites de ce modèle : la jeunesse, dans les années soixante, a fait culturellement sécession. C'est là un phénomène majeur et durable de nos sociétés. Choisissant la musique comme vecteur d'expression, cultivant l'émotion davantage que la réflexion, promouvant des valeurs comme celles de sincérité, d'authenticité, elle s'est affranchie de la nécessité du détour cognitif qui constituait le cœur des

2. Dans les années cinquante, Edgar Snow avait fustigé dans un pamphlet célèbre la division entre *Les deux cultures* (littéraire et scientifique), trad. fr. Pauvert, 1968. Michel Serres a repris ce problème en s'efforçant de trouver ce qu'il appelle *Le passage du Nord-Ouest : Hermes 5*, Minuit, 1980, entre l'une et l'autre culture.

références scolaires. Qu'on n'aille pas nous dire que ce fut là l'effet des pédagogies nouvelles, corruptrices dans leur principe de cette croyance dans la valeur émancipatrice du savoir : c'est bien plutôt l'inverse qui est vrai. Les pédagogies modernes n'ont cessé d'être à la poursuite de cette jeunesse qui lui échappait, elles n'ont été qu'une tentative souvent vaine pour re-scolariser des pratiques qui s'émancipaient de l'école.

Pour ces trois raisons majeures, l'équation ne vaut plus entre instruction et éducation. C'est probablement pourquoi on a introduit petit à petit le terme de socialisation, qui marque davantage un problème qu'une réponse : par là on tente d'échapper à la contrainte trop forte de l'éducation, et de diminuer l'exigence de l'instruction. Mais qu'en dire positivement ? Le terme est bientôt aussi courant dans toute l'école qu'à la maternelle, où il règne en maître[3]. Si l'éducation et l'instruction se dissocient, c'est que les savoirs transitent par mille canaux, pas seulement scolaires (médias, journaux parapédagogiques, formations permanentes en tous genres), tandis que la tâche éducative se fait elle-même plus diffuse : socialiser c'est apprendre les impératifs du groupe, et aussi une sorte de citoyenneté à géométrie variable, faite de civilité élémentaire, de citoyenneté proprement dite, de sérieux du travailleur ou de défiance du consommateur, quand ce n'est pas de préparation à une maîtrise adulte du loisir[4]. La

---

3. Cf. *La maternelle*, revue *Autrement*, n° 114, avril 1990, sous la direction de G.-P. Azemar avec C. Delafosse et J.-C. Pompougnac.

4. « L'école en première ligne », dialogue entre M. Gauchet et J. Hébrard, in *La maternelle, op. cit.*, p. 97-108.

demande d'éducation des familles croît au moment même qu'elle se dilue et s'enfle jusqu'à tout envahir. Longtemps, les à-côtés de l'école, selon les modalités socialement et culturellement différenciées, ont pris en charge l'essentiel de cette demande : les mouvements de jeunesse en furent les principaux porteurs. Leur effondrement place l'école devant le dilemme suivant : ou bien prendre en charge cette dimension, et devenir alors un gigantesque mouvement de jeunesse. Ou bien l'ignorer, et il faudra bien alors trouver de nouveaux lieux pour le faire. Le plus probable est que s'invente lentement un compromis entre les deux options.

Reste que, consécutif à la disparition des grandes fractures idéologiques, l'éclipse des mouvements de jeunesse risque fort de devenir durable, du moins pour la majeure partie des jeunes : seules des cultures minoritaires peuvent encore y trouver des ressources identitaires capables d'en nourrir la vitalité. Reporter la totalité de la tâche éducative sur l'école, c'est encore être victime de cette inflation de la demande qui la rend impossible à satisfaire. On a certes alors rompu avec l'utopie politique, mais pour lui substituer une utopie pédagogique. Il n'est pas sûr qu'on gagne au change : peut-être le problème est-il seulement déplacé. A l'âge de l'individualisme, les familles pourront-elles longtemps esquiver leurs responsabilités éducatives propres ?

Instruire, pourtant

Ce surinvestissement du système éducatif a connu dans les vingt dernières années deux visages diamétralement opposés, mais qui correspondirent aussi à deux modes successives. Le premier, qui émergea dans les années soixante pour triompher au milieu des années soixante-dix, voulait bannir de l'école tout ce qui pouvait faire obstacle à « l'épanouissement de l'enfant ». Il fallait certes apprendre à l'école, mais surtout ne pas contraindre. On délaissa (du moins le prétendit-on) les aspects les plus rébarbatifs de l'instruction. En réaction, au début des années quatre-vingt, une forte mobilisation vint affirmer avec force le primat de l'instruction. On se souvient encore du ravissement de Guy Bayet, alors président de la très conservatrice et réactionnaire Société des agrégés, lorsqu'il constata que Jean-Pierre Chevènement avait « sifflé la fin de la récréation » commencée selon lui en mai 1968. L'école redevenait (du moins on feignit de le croire) un lieu aride où le savoir s'apprenait dans la douleur. Bien entendu, ce sont là querelles idéologiques, qui n'informent que de très loin les pratiques. Surtout, ces discours opposés n'ont pas remarqué qu'ils étaient complices dans leur croyance au salut par l'école. Ils se sont polarisés sur la question de l'instruction, tantôt pour la restreindre, tantôt pour l'exalter. Au nom d'une juste dénonciation des abus de l'école, on en est venu parfois à renoncer à l'objectif d'instruction, rompant ainsi avec une des meilleures traditions de l'école française. En réaction, le paradigme d'une école tout entière soumise au seul programme instructionniste a ainsi pu connaître récemment un regain de faveur, grâce à une conjoncture qui vit un pamphlet (*De l'école* de Jean-Claude Milner) devenir un best-seller, un ministre (Jean-Pierre Chevènement) ressusciter le mythe de l'élitisme républicain pour réidentifier l'école et nombre d'enseignants, tout particulièrement de philosophie, s'éprendre soudain des vertus de l'ordre et de la discipline républicaine pour conforter une image en déroute. De fort bonnes et belles choses ont été dites à cette occasion, qui rompaient heureusement avec un pédagogisme agaçant de naïveté et de facilité à résoudre tous les problèmes. Mais il faut constater que le rappel des principes — à l'occasion nécessaire —, n'éclaire pas plus les esprits désorientés que les situations auxquelles ils sont confrontés : parce que leur clarté s'est voilée d'énigmes, et pas seulement d'oubli ou de confusions. Parce que la grandiloquence même de leur rappel chez certains est comme l'indice et l'aveu d'échec d'un retour simple au « rationnel » et aux Pères fondateurs.

Bien sûr il faut instruire : « une éducation sans enseignement est vide et dégénère donc aisément en une rhétorique émotionnelle et morale[5] », bientôt inacceptable. Mais s'est ainsi conforté le mythe d'une école totalement fermée, sourde à toute injonction sociale, ne recevant ses missions que d'elle-même. Cette utopie instructionniste, qui veut faire de chaque école communale l'antichambre du Collège de France, ou au moins une nouvelle Thélème, est aussi une utopie pédagogique, qui ne le cède en rien à celles des « républiques » enfantines, où chacun, mu par la pression du groupe et par la douce injonction d'un maître « bon », choisit « librement » ses activités, se meut « librement » dans le savoir, bref, grandit et s'épanouit « librement[6] ». Dans les deux

5. ARENDT (H.), « La crise de l'éducation », in *La crise de la culture, op. cit.*

6. Le pédagogue A.-S. Neill rencontra un grand succès, à la

cas, l'utopie pédagogique relaie l'utopie politique, en faisant de l'école le lieu d'une microsociété actuelle et idéale plus insupportable encore que la projection dans le futur de l'utopie politique. D'un côté on a la tentation de faire régner le groupe enfant en maître, en ignorant qu'un groupe en général, et plus particulièrement un groupe d'enfants, suscite nécessairement la tyrannie de meneurs. Certaines des tentatives de pédagogie nouvelle n'ont pas toujours échappé à cette tentation. Mais de l'autre, plus insidieusement, on veut à toute force soumettre l'enfant à l'emprise de l'institution, et appliquant à la lettre la formule de Rousseau, le « contraindre à être libre ». Or l'école, qu'on le veuille ou non, est d'abord pour les enfants et non pas prioritairement pour l'imaginaire enseignant, et l'enfant n'est pas une cire molle en attente simplement d'une forme.

Ce n'est pas dire que l'enfant n'a pas à apprendre, ou mieux qu'il n'est pas lui-même en désir d'apprendre et de grandir. Simplement, il demande aussi à être respecté comme personne, et non immédiatement soumis au fantasme pédagogique. Il y a besoin d'une extériorité de l'institution, pour éviter la manipulation qui voudrait que toute activité soit spontanément et librement choisie, et qui charge avant l'heure l'enfant d'une responsabilité trop lourde. Mais il y a aussi besoin que l'enfant se dérobe parfois aux exigences de cette institution, qu'il préfère jouer avec les copains, voire ne pas travailler, plutôt que d'être dans la logique de l'instruction et de l'émancipation. Cette microconflictualité-là fait l'ordi-

---

fin des années 60, en publiant le récit de son expérience dans *Libres enfants de Sumerhill*, Maspero, 1970.

naire de la pédagogie, de la classe. Il faut la préserver, car elle est le véritable lieu de la liberté enfantine, et aussi de la justice dans l'école.

La crispation sur les hiérarchies (celle des savants, en réalité, bien souvent, celle des « brillants ») laisse le champ libre aux technocrates en lieu et place d'une affirmation de l'égale dignité de tous dans la délibération des affaires humaines. L'école n'a pas pour fonction de protéger les savants et les philosophes contre le politique. Mais d'accueillir dans le monde ces nouveaux venus que sont les enfants, pour reprendre l'expression de Hannah Arendt[7]. S'il s'agit d'instruire, cela ne peut être dans l'oubli de cet axe de la justice dans l'école : le souci de faire advenir l'égalité entre l'enfant et l'adulte, et d'éduquer au respect réciproque de l'égalité entre les enfants eux-mêmes. L'espace propre du pédagogique est ainsi le lieu de cette reconnaissance d'égalité et de l'émancipation qui s'ensuit[8]. Il s'agit de penser un droit à l'égale dignité de l'enfant et de l'adulte, qui se refuse à entériner l'inégalité de fait, sans pour autant mimer entre eux une fausse égalité.

Laïcité

Enfin dernière clôture, dernière frontière : quelles doivent être les limites de l'école à l'égard des appartenances des enfants, des adhérences familiales, sociales,

---

7. ARENDT (H.), *op. cit.*

8. Cf. RANCIÈRE (J.), *Le maître ignorant*, Fayard, 1987. Sur ce point, cf. aussi KÍS (J.), *L'égale dignité*, Le Seuil, 1989.

culturelles, religieuses, régionales, ethniques, etc. ? La doctrine traditionnelle de l'école publique postule en la matière une neutralité vigilante, qui ne fut pas souvent sans s'infléchir en hostilité ouverte à l'égard de ces appartenances, notamment vis-à-vis de l'Église catholique. De la laïcité-neutralité à la laïcité-militante, il y a certes un pas, mais qui sera souvent franchi, avec l'impression de réaliser là un progrès. Car si de son côté l'Église ne se rallie que très tardivement au pluralisme dans la société, les principes du rationalisme qui sous-tendent l'idée laïque ne sont rien moins que pluralistes. Si certains, kantiens conséquents, font sa place à la foi, d'autres ne pensent la raison que comme moyen de dissiper ce qui reste de superstitions, au risque de ne pas voir ce que comporte de croyance leur adhésion à la raison.

Mais il ne s'agit pas seulement de questions philosophiques : l'enjeu en est aussi politique, pour une République qui a fait de la confiance en l'école son credo le plus profond et de la laïcité son miroir. Chargée de fournir l'accès à une vie morale sans référence au religieux, de fonder ainsi le lien social sur une appartenance délibérément consentie, sur une adhésion rationnelle, la laïcité va, en fait, jouer le rôle de religion civile. Ce n'est pas seulement qu'elle emprunte les apparences, les institutions, les attitudes de la religion. Plus profondément, en proposant un idéal commun, elle cherche à asseoir le lien social sur une transcendance partagée. On a déjà remarqué ce que celle-ci devait à la croyance au progrès, et à la transcendance de la raison elle-même, de l'ordre du droit vis-à-vis des faits. C'est ainsi que la notion de service public a pu, en France, prendre des allures quasi sacerdotales. C'est évidemment d'autant plus vrai de l'école que celle-ci réalise fictivement la République idéale : égalisés dans la commune référence et révérence au savoir, les écoliers y figurent les citoyens d'une République parfaite, qui aurait enfin aboli en elle les divisions qui ne cessent de renaître dans le social[9].

Il est donc nécessaire que cette école soit unitaire (sinon unique, car en fait c'est bien de la seule école du peuple qu'il s'agit là), qu'elle couvre le territoire d'un maillage d'écoles analogues, où l'on fera rigoureusement la même chose, si possible en même temps. L'école publique va ainsi devenir le moyen privilégié (avec l'armée toutefois, dont les effets de brassage régional et social sont sans cesse valorisés) de constituer l'unité de la nation[10]. De même qu'au XVIIIe siècle on avait formulé l'idée selon laquelle on gouverne aussi « par les mœurs », et que l'éducation était considérée comme le complément nécessaire des lois, sous la IIIe République, apparaît le souci d'un « ciment idéologique » qui doit se substituer au lien de la religion.

Les discours de cette identité nationale ont pu ainsi conjoindre, d'une part le culte d'un universel abstrait de la raison et du droit, et d'autre part, la prise en compte de la particularité de l'histoire française, qui s'avère ainsi étonnamment providentielle : « Naître Français, c'est trouver dans son berceau une histoire miraculeusement pédagogique, progressant vers la démocratie en séquences bien ordonnées, apte à faire comprendre

9. ALAIN, « Le peuple enfant va se reformer, et tenir de nouveau son parlement de dix mois », propos XIV, *Propos sur l'éducation*, PUF, 1932.

10. Cf. WEBER (E.), *La fin des terroirs*, Fayard, 1983.

l'histoire du monde ; c'est l'assurance d'être nourri par l'institutrice des nations ; c'est avoir pour patrie la liberté, la justice, la tolérance[11]. »

Les effets de cette mythologie unitaire se font encore sentir, puisque toute perspective de différenciation pédagogique, d'autonomie même relative et partielle des établissements d'enseignement est immédiatement perçue par de nombreux acteurs comme une atteinte à la laïcité. Et certes, il peut y avoir des formes de différenciation qui relèveraient de la soumission à des logiques communautaires, ou encore qui reviendraient à avaliser des distances et des hiérarchies sociales. Mais il faut remarquer que le modèle républicain qu'on invoque, s'il permet bien, sur le premier point, d'établir par la laïcité un espace public neutre, c'est-à-dire soustrait à la parole dominante de l'Église, ne s'est guère préoccupé du second, sinon sur le mode de la dénégation. Cette école républicaine est une école pour le peuple, les élites sont soigneusement tenues à l'écart, ce qui est cohérent avec l'intense dénégation du social à laquelle se livre par ailleurs la IIIe République. Unitaire en principe, elle récuse une division bien réelle qu'elle ne veut surtout pas connaître. Quand l'unification du système d'enseignement contraindra l'école à devoir prendre acte de cette différenciation sociale, il est à craindre que la défense du modèle unitaire soit plutôt une manière de refuser l'occasion d'un partage culturel plus étendu.

De fait, la décomposition du modèle républicain, qui eut bien entendu son heure de gloire, n'ira pas sans priver

---

11. OZOUF (M.), « Histoire et instruction civique », *Le Débat*, n° 34, mars 1985, p. 149-150.

l'école de ses valeurs et de ses croyances fondatrices. On a déjà relevé l'effondrement de la croyance au progrès et plus généralement l'inquiétude qui saisit le rationalisme républicain devant la croissance des sciences et des techniques : celle-ci, d'une part les conduit à l'explosion en microsavoirs parcellaires, d'autre part induit souvent le paradoxe d'un rapport non rationnel, voire franchement irrationnel à la science et à la technique. (De cette évolution, on peut prendre pour paradigme telle émission de radio, qui vit l'un de ses animateurs spécialisé dans l'occulte et le paranormal devenir du jour au lendemain le journaliste scientifique de la station. Les deux domaines sont perçus comme congruents et on leur demande la même chose : non pas davantage d'intelligence du réel, mais davantage de mystère, tout en cherchant aussi à obtenir par eux davantage de pouvoir. Il faut ici faire mentir Descartes : ce n'est pas la raison qui nous rend maîtres et possesseurs de la nature, mais la magie.)

Enfin, nous ne pouvons plus croire à l'agencement mystérieux par lequel la France serait le pays de l'universel. Encore une dernière fois identifié à une grande cause universelle lors de la Seconde Guerre mondiale, le patriotisme français s'est découvert ensuite aussi particulier qu'un autre. L'événement majeur de cet effondrement du modèle républicain fut la décolonisation, et plus particulièrement, la guerre d'Algérie : l'universalisme de la conception française s'est vu pris en défaut de particularisme prononcé, et fut retourné contre la France par ceux-là même qu'elle avait convertis ; eux aussi avaient le droit, pour leur propre compte, d'être des citoyens libres et égaux, alors que la République les traitait en citoyens de seconde zone[12]. Que la Ve République, prenant acte de ce tournant, l'ait accompagné de quelques autres transformations (fin du légicentrisme par le recentrage du pouvoir vers l'exécutif, personnalisation du pouvoir, utilisation de l'audiovisuel), n'a fait que signifier définitivement son congé à ce modèle républicain, qui peut certes rester comme source de nostalgies ou comme représentation idéologique, mais n'a plus la capacité de synthèse qui fut un temps la sienne. En outre, cette évolution politique fut relayée par le discours du relativisme culturel, que les anthropologues développèrent dans les mêmes années : on en avait fini avec les hiérarchies qui menaient du sauvage au civilisé, comme le pensait encore Lévy-Bruhl. Place à l'égale considération pour la « pensée sauvage[13] ».

Mais le désarroi est dès lors réel pour un pays qui a fait son éducation politique avec un tel modèle. Aussi assiste-t-on à de nombreuses dérives, dont de nos jours le thème de l'Europe donne sans doute la version la plus caricaturale. La récente et fougueuse conversion à l'Europe de la plupart de nos dirigeants politiques n'a pas d'autre raison que cette impossibilité de penser une synthèse sociale et politique qui soit effectivement à la hauteur de ce que fut la synthèse républicaine. L'Europe est alors parée de toutes les vertus d'un super État-nation, dont on attend qu'il soit pour cette fin du

12. Cf. WINOCK (M.), *La République se meurt*, Seuil, 1978.

13. Quoique l'appréciation sur Levy-Bruhl mériterait sans doute d'être nuancée. Cf. le numéro spécial qui lui est consacré par la *Revue philosophique*, octobre-décembre 1989. *La pensée sauvage* est le titre du livre de Claude Levi-Strauss, Plon, 1972.

XXe siècle l'équivalent de ce que fut la France pour la fin du XIXe siècle : le symbole du progrès réalisé, de la paix possible et d'une citoyenneté heureuse. D'où la frénésie qui voudrait que ce modèle européen soit aussi l'étalon auquel mesurer les différences nationales. Pourquoi faudrait-il que l'Europe exige un alignement de tous les pays à l'identique et en particulier de toutes les écoles sur un seul modèle ? La notion d'équivalence est intéressante. Elle suppose du dissemblable. Sa pertinence apparaît précisément quand il n'y a pas similitude. Pourquoi toujours vouloir du semblable ?

Nos modèles de l'école furent successivement allemand (déjà aux XVIIIe et XIXe siècles), américain, anglais, japonais peut-être ?... Les connaître est une chose, mais sans tomber dans le fétichisme historique ou le chauvinisme, tout aussi ineptes, pourquoi faudrait-il *a priori* abandonner des acquis historiques de l'école française ? L'orientation de son école maternelle, par exemple, qui contrairement à beaucoup d'autres pays ne relève pas d'un ministère de la Santé, parce qu'on considère que les enfants — heureusement — ont déjà à y apprendre quelque chose, serait-elle en soi « condamnable » à cause de son originalité en Europe ? S'intéresser à ce qui se fait ailleurs est capital. S'y plier par principe est aberrant.

D'un autre côté, et presque en contradiction avec la tentation d'un oubli de spécificités françaises bien pensées, le problème de l'intégration des populations immigrées ravive cette question de l'identité nationale. Une fois récusés un nationalisme inacceptable et une xénophobie scandaleuse, il reste à définir une capacité d'intégration, des limites non pas à la tolérance mais à l'intolérance et à l'intolérable. C'est bien encore la question à l'identité qui revient ici. On ne peut la traiter par une unité forcenée, qu'elle soit repliée sur soi ou alignée sur l'extérieur. La pluralité est à l'évidence plus féconde : mais quel cadre politique inventer qui assouplisse un peu le modèle national sans l'ignorer ?

Notre modèle est celui d'une nation unifiée et identitaire. Est-ce le seul, et le meilleur ? Notons que la célébration forcenée de la différence n'est que le même discours, à l'échelle d'un groupe moins nombreux. A célébrer ainsi des identités communautaires, à l'échelle de groupes qui reconstituent des petites nations sans lois, il ne faut pas s'étonner de ne trouver entre elles que la guerre. L'unité forcée est toujours forcenée, à refuser que *je* soit aussi *un autre*, et étranger à lui-même, elle ne peut que rejeter l'étranger dehors[14]. De telles démarches supposent qu'il n'y a qu'une façon de penser et d'accomplir l'unité. Il n'y a plus qu'un choix, et c'est celui de la méfiance ou de la guerre à l'extérieur, à l'intérieur celui de l'épuration.

La question de l'unité de la communauté, qu'elle soit nationale ou européenne, doit être posée d'abord « en amont » de l'école. On éviterait peut-être alors d'exiger utopiquement de l'école qu'elle résolve ce problème, en le différant à l'avenir. Les enfants ont droit à quelque tranquillité de la part de ceux qui ont la responsabilité de leur minorité civile. L'école n'a pas à assumer les impasses du politique ou du social. Il est déjà suffisant qu'elle en subisse les conséquences. Il faut d'ailleurs remarquer que pour l'essentiel, l'école française demeure

14. RODINSON (M.), « La Peste communautaire », *Le Monde*, 1er déc. 1989 ; KRISTEVA (J.), *Étrangers à nous-mêmes*, Le Seuil, 1989.

un formidable outil d'intégration. Mais elle ne peut pas se substituer aux citoyens majeurs, confrontés aujourd'hui à l'idée qu'ils doivent se faire, d'abord pour eux-mêmes, de la cité. En revanche, on peut peut-être chercher comment l'école doit se situer par rapport à cette collectivité, et quel « être ensemble » spécifique elle constitue elle-même. Cela implique de cesser de la penser comme une société en miniature, sur laquelle expérimenter en réduction, en rêve et par compensation, des solutions à des problèmes qui lui sont étrangers, pour envisager enfin ceux qui lui sont propres.

L'École doit sans doute contribuer à tisser de la cohésion sociale, mais aussi asseoir l'autonomie des individus. C'est au fond cette double mission qu'exprime la notion d'intégration. Le seul programme instructionniste, dans son rationalisme éloquent, mais trop souvent dogmatique, n'y suffit pas. Encore moins l'invocation rituelle du « droit à la différence ». Car celui-ci ouvre la porte à la sanctification des inégalités, et contribue à tout relativiser, ne laissant subsister que des appartenances non délibérées, qui deviennent dès lors les seuls facteurs de hiérarchie possible[15]. Il s'agit de substituer à ce prétendu droit un « droit à l'altérité », qui n'indique pas comme différence l'appartenance à un groupe, mais l'irréductibilité de qui que ce soit à quelque différence que ce soit.

A ce compte, la laïcité peut retrouver un sens, qui était déjà celui qu'avaient tenté de lui donner certaines

15. Cf. TAGUIEFF (P.-A.), *La force du préjugé*, La Découverte, 1988, rééd. Gallimard, coll. Tel.

réflexions pionnières des années cinquante[16] : d'être une laïcité de confrontation, qui ne se contente pas d'être négativement tolérante ou positivement conquérante, mais qui opère vers la recherche de véritables universaux partagés. De même à l'égard des appartenances politiques, nationales ou européennes, l'école peut être un lieu où en se confrontant, elles s'instituent. Ce n'est plus à travers une histoire mythiquement orientée vers l'âge d'or de la République que nous progresserions, mais dans une histoire où lentement un sens se cherche, et attend de ceux qui viendront qu'ils l'accomplissent ou le récusent. Ce n'est sans doute qu'à ce prix que les acquisitions intellectuelles que l'école s'efforce de transmettre conserveront un sens.

16. Cf. « Propositions de paix scolaire », in *Esprit*, mars-avril 1949 ; et aussi le numéro d'octobre 1959 de la même revue, « Laïcité et paix scolaire ».

II

ENSEIGNER L'ENFANCE

L'école est à la fois lieu de l'instruction, de l'étude, du labeur et *schole* : lieu d'accomplissement de soi hors du monde du travail. Elle n'est ni une usine ni un atelier, ni une entreprise, et pourtant on y travaille. Séparée de la sphère de la production, elle relève donc d'un « temps libre », mais cette liberté n'est pas celle des vacances, de la maison des jeunes, du jardin d'enfants ou du conservatoire de musique. Il n'est pas si facile cependant de maintenir claires les délimitations de l'école tant sont devenues prégnantes les confusions entre travail et savoir, loisir et culture. Comme le notait Jacques Julliard : « La fortune récente de la culture se substituant aux idéologies en perdition, est l'un des faits marquants de la période [...] Elle transforme le divertissement (théâtre, concert, opéra, excursion) en fonction sociale[1]. » Ainsi, on oppose l'école comme lieu de la transmission des connaissances à l'école comme instance de socialisation ; l'école vecteur de la culture générale et l'école lieu de formation professionnelle ; l'école cadre

1. FURET (F.), JULLIARD (J.), ROSANVALLON (P.), *La République du centre*, Calmann-Lévy, 1988.

d'un « travail » dont la réussite ou l'échec détermine le destin des écoliers, et l'école refuge de l'étude gratuite et désintéressée. Ces oppositions sont les apories auxquelles est parvenu le système en s'unifiant. Et pourtant s'il y a encore sens à parler de l'école, si elle n'est pas tout et pas n'importe quoi, il faut pouvoir redessiner ces lignes de partage dans leur dimension historique.

Aux injonctions contradictoires évoquées plus haut s'ajoutent les effets en retour de la systématisation de la forme scolaire. L'effacement progressif des frontières entre primaire et secondaire, lycée et premier cycle universitaire, la relative intégration de l'enseignement technique et professionnel modifient l'équilibre de l'ensemble du système. Le certificat d'études, par exemple, ne marque plus la frontière entre une école primaire obligatoire et un enseignement secondaire voué aux humanités. Le baccalauréat en se pluralisant a cessé de marquer « la barrière et le niveau ». Il n'est pas jusqu'à la fréquentation quasi générale d'une école maternelle facultative qui ne modifie le sens de l'obligation scolaire[2].

Retracer ces partages et ces articulations suppose qu'on tienne ensemble les fils qui constituent l'écheveau de bien des discours sur la crise : savoirs, technique et culture ; exercice, pédagogie et formation. On peut bien se complaire en répétant sans cesse la formule rassurante « l'affaire de l'école c'est la transmission des connaissances », reste qu'elle ne cesse d'être une formule

2. *La maternelle*, revue *Autrement, op. cit.*

qu'en étant entendue et étendue dans une triple dimension :

• Celle des procédures dans lesquelles se donnent (et se construisent) les connaissances, et celle des savoir-faire que ces connaissances rendent possibles (c'est-à-dire au sens large le domaine de la technique).

• Celle des significations — produits et productrices d'un être ensemble — dont les savoirs sont porteurs : ce que nous appellerons la culture.

• Celle des modes de relation à l'autre qui affectent le savoir en son élaboration par le maître et sa construction par l'élève, dimension qui relève autant de l'épistémologie que de la didactique et de la pédagogie.

Il faut, en effet, sortir de la myopie qui consiste à définir la pédagogie comme « art de faire passer » les connaissances comme si la relation et le savoir n'interagissaient pas l'un sur l'autre dans le procès d'instruction. Il faut cesser de distinguer les ordres d'enseignement exclusivement par les « programmes » ou exclusivement par les « pédagogies » qui les caractériseraient. Tous ceux qui traitent séparément le problème des contenus et celui des méthodes ne comprendront jamais rien ni à l'un ni à l'autre. Savoirs et procédures se combinent en configurations qui peuvent produire du sens : c'est ce que nous appellerons la culture scolaire. Ainsi la chronologie ne va pas sans le par cœur et les dates récitées de l'*Histoire de France* sans une certaine valeur accordée à l'idée de patrie. De même, il est tout aussi vain de dénier que la dissertation soit aussi une technique que de prétendre qu'elle n'est que cela comme si son objet littéraire, historique, philosophique était indifférent.

Si l'enseignement est l'affaire du maître (le point

d'ancrage de sa mission : il n'est, en effet, ni animateur ni travailleur social), la pédagogie désigne la relation qui l'unit à son autre : l'étude qui est, elle, l'affaire de l'élève[3].

C'est à partir de là qu'on peut comprendre le système de partages encore vivace qui alimente les fantasmes sur la « primarisation » du secondaire, ou sur la dérive petite bourgeoise d'une école primaire jadis « populaire ». Les analyses des historiens de l'éducation laissent pressentir des migrations de corpus de connaissances ou de types d'exercice d'un ordre d'enseignement à l'autre. Le panthéon littéraire de l'école élémentaire s'est ainsi alimenté au patrimoine des humanités secondaires et des exercices comme la lecture expliquée et l'explication de textes ne se peuvent comprendre qu'en observant ces échanges permanents[4].

Enfin ces analyses devraient être l'occasion de reprendre à nouveaux frais les questions de l'identité professionnelle, du recrutement et de la formation des enseignants en repérant ce qui est commun et ce qui est spécifique. La cohérence du système scolaire est illusoire, l'a-t-on assez répété, tant que les statuts et les formations des enseignants restent en proie aux rivalités corporatives. Il ne s'agit pas pour autant de partir à la recherche d'un plus petit commun dénominateur ou d'une norme uniforme, mais de recentrer les spécificités et les singularités sur une problématique commune,

---

3. PROST (A.), *Éloge des pédagogues*, Seuil, 1985.

4. CHARTIER (A.-M.) et HÉBRARD (J.), *Discours sur la lecture*, B.P.I., collection Études et recherches, 1989.

politique, en définitive, celle des fins de l'instruction, des significations sociales et culturelles de l'enseignement et des missions du service public.

4

SCIENCE, POÉTIQUE ET MÉMOIRE

Une anecdote a couru un temps les salles des professeurs. Jean-Pierre Chevènement, alors ministre de l'Éducation, avait réuni les recteurs pour les informer de sa philosophie de l'éducation et du cours nouveau que devait prendre l'école. « Vive l'école », « Apprendre pour entreprendre », tels étaient les maîtres-mots d'une école de la République moderne qui avait à se convaincre de nouveau que son rôle était d'instruire les enfants. Pour mieux illustrer son propos, le ministre se serait emparé de la carafe et du verre qu'on dépose toujours devant les orateurs et, d'un geste large, aurait rempli le second du contenu de la première en commentant : la pédagogie, c'est ça ! La petite histoire veut d'ailleurs qu'il en ait largement renversé à côté du verre. Quoi qu'il en soit du crédit qu'on peut accorder à cet apologue, il montre que ce « retour aux savoirs », assurément simple et pratique, tirait un grand trait à l'encre rouge sur bien des années d'incertitude et sur nombre de recherches. Que l'on songe seulement aux propositions de la psychologie cognitive ou aux réflexions de Gaston Bachelard sur la formation de l'esprit scientifique, sans parler de la perspective psychanalytique, selon laquelle se joue dans tout rapport humain, fût-il didactique, un rapport des sujets entre eux et à l'objet de désir.

Mais le malentendu fondamental touche à la nature même de ce que l'on appelle le savoir. Savoir ou connaître ne consiste pas en une possession. Ils résultent plutôt d'une activité, d'un exercice, dont la dynamique n'est pas de l'ordre de l'avoir. A cette activité il faut du temps, parce qu'elle est une relation entre sujets et un mouvement d'objectivation qui s'élabore dans le dialogue jamais achevé de sujets désirant connaître.

Cette idée du savoir commande l'idée qu'on se fait des conditions de sa transmission. Le malaise des enseignants dit aussi quelque chose de leur rapport au savoir, et à travers eux, de celui d'une société qui n'arrive plus à « faire signe » (enseigner, signifier), parce qu'elle ne sait plus se déchiffrer. Or, il n'y a pas plus d'« objet » à transmettre qu'il n'y a de moyens séparés d'en prendre possession : la transmission n'est pas un moyen à ajouter à un intangible objet du savoir. Elle est l'essence même, c'est-à-dire *l'expérience même du savoir*. Seul un rapport vif au savoir peut en sauver la « transmission » et ce rapport ne consiste en rien d'autre que de veiller aux conditions de transmissibilité. Faut-il aussi rappeler que savoir vraiment c'est aussi mesurer tout ce qu'on ne sait pas, ce par quoi le maître peut se considérer comme l'égal d'un élève qu'il regarde comme capable, lui aussi, de savoir ? C'est ce qu'exprime la maxime de Bachelard : « Rester un écolier doit être le vœu d'un maître. »

Les savoirs ont besoin d'une culture

Il fut un temps, pas si lointain, où il n'était pas de mode de parler des savoirs à l'école. Apprendre risquait d'entraver la liberté, transmettre aliénait l'enfant, toute leçon était abus d'autorité. On faisait de « l'éveil ». Joli mot bradé, ouvertures gâchées, à oublier que tout éveil suppose aussi qu'on apprend quelque chose.

Voici venue, ou revenue, l'ère de la transmission des savoirs. Elle supplanterait « rentablement » les rêveries soixante-huitardes. Les enfants travailleraient. Les enseignants aussi. Or plus on parle aujourd'hui des savoirs, moins on semble savoir de quoi il s'agit. Dans leur pluriel, ils finissent par être assimilés aux sciences. L'abondance des domaines et de leurs moissons entretient à la fois le désarroi d'être « dépassé », et la foi en « la Science ». En ce sens, un certaine représentation des savoirs travaille contre le savoir. Car dans leur progrès largement célébré, les sciences apparaissent à la fois changeantes et inaccessibles.

Changeantes, elles flattent un relativisme qui dispense de toute rigueur intellectuelle : à quoi bon, si ce qui est vrai aujourd'hui ne l'est plus demain, si ce n'est « qu'une théorie », ou que la théorie du jour. En ce sens une certaine vulgarisation scientifique n'est pas formatrice d'un véritable esprit scientifique, ou même simplement rigoureux : lorsque les exigences, les conditions et les critères d'établissement de l'objectivité, importent moins que les images variables d'un kaléidoscope fascinant jusqu'au vertige.

Présentées comme inaccessibles au non-spécialiste, les sciences risquent de le confirmer dans une ignorance désormais assumée. Le sentiment d'être définitivement exclu du cercle des initiés conforte et justifie alors sa paresse intellectuelle. Cette représentation d'un savoir scientifique lointain et ésotérique produit paradoxalement un rapport magique à la science qui, malgré elle, contribue à la naissance d'un nouvel obscurantisme. Les progrès des connaissances et les progrès conséquents des techniques entretiennent l'illusion que tout est possible sauf de comprendre comment ça marche, privilège des seuls démiurges des temps modernes que sont les « savants ».

Ainsi, la célébration des savoirs est en fait la célébration des sciences, à distance du commun des mortels, et elle est contemporaine d'un dégoût du savoir. La nouvelle religion a ses grands prêtres, ses vicaires, ses temples et ses catéchismes. Elle a pour idoles des images et des gadgets, merveilles techniques perçues comme magiques, qui ont très exactement pour fonction d'entretenir et d'épuiser sans fin l'intérêt des foules, de les distraire de l'effort de connaître et de laisser ce dernier en privilège aux experts et aux scribes.

Ce n'est pas qu'il faille négliger ces « techniques » nouvelles, ou les nouveaux développements des savoirs. C'est qu'il est temps de leur donner sens dans une culture, au lieu d'en faire un culte. Nul ne conteste que l'école ne saurait continuer plus longtemps à faire l'impasse sur la culture scientifique et technique. Mais de même qu'il faut aussi du savoir sur la littérature et les arts, dans les sciences il faut du sens. Il s'agit, en d'autres termes, de surmonter cette dichotomie et même cette alternative insensée entre les sciences et « les lettres » qui hante le système éducatif français au moins depuis la Révolution française.

Il faut toutefois se défier ici des pièges de l'idéalisme et du volontarisme. Ce n'est pas d'hier que certains cherchent à faire place aux sciences et aux techniques dans les cursus scolaires, et le projet de donner à la technique sa juste place dans la culture a cessé d'être original. Force est cependant de constater que ces vœux et ces efforts sont loin d'être couronnés de succès.

C'est que le problème est à la fois plus fondamental et plus permanent. Essayistes et philosophes diagnostiquent une crise de la culture, une montée de la barbarie face auxquelles l'école serait singulièrement impuissante. Dans cette perspective, la crise de la culture sociale est à la fois un cas particulier de la « défaite de la pensée » et son symptôme le plus inquiétant. Car on est en droit d'attendre aujourd'hui de l'école qu'elle soit l'ultime lieu de résistance aux médiocres productions de « l'industrie culturelle », au lavage de cerveau des médias et à la vulgate insensée des techno-sciences. On connaît cette thématique qui lie désormais une défense de la culture à une virulente critique d'une technique déshumanisante qui, progressivement, nous reconduirait vers la barbarie[1]. La crise de la culture scolaire ne serait donc qu'une des conséquences de la modernité, d'une situation critique faite à la culture dans un monde marqué par la domination de la technique et la culture

1. HENRY (M.), *La barbarie*, Grasset, 1987. Cf. pour un examen critique de cette littérature, BOURG (D.), « Culture et technique », *Esprit*, n°s 8-9 et 11, 1987.

de masse. Bref, un processus historique qui affecterait l'école en son essence. Dans cette conception l'école aurait de plus en plus de difficultés à remplir une mission qui lui vient de la tradition. Le constat est peu discutable. On assiste en effet à une délégitimation de la culture scolaire au point qu'on est en droit de se demander s'il existe encore une culture scolaire ou même, plus brutalement, si la culture scolaire est bien encore une culture[2]. Nombreux sont en effet les diagnostics d'une école en crise où un corpus de référence légué par la *tradition* ne fait plus *autorité*. Un doute surgit toutefois sur la justesse de ce diagnostic quand on constate combien ce genre de déplorations est récurrent.

Une vieille histoire

A bien y regarder, la culture scolaire se donne dans une longue tradition polémique. On n'en finirait pas de dénombrer les pamphlets, les caricatures et les plaisanteries dont l'école a pu être l'objet. Toutes ces mises en cause convergent en deux traits : la culture scolaire n'est qu'une version simplifiée et affadie de l'authentique culture recueillie dans le patrimoine intellectuel et esthétique de l'humanité ; elle constitue une forme d'obstacle permanent à cette création continuée qu'est

2. Cf. par exemple, BLOOM (Allan), *L'âme désarmée*, Julliard, 1987.

la culture vivante, celle des artistes et des penseurs libérés des contraintes scolastiques.

Une telle tradition critique se retrouve chez de grands penseurs, le Descartes du *Discours de la Méthode*, le d'Alembert de l'article « Collège » de l'*Encyclopédie*, par exemple, aussi bien que chez des auteurs aujourd'hui oubliés. On trouve dans la longue série des pamphlets pédagogiques une salutaire provocation et des questions redoutables comme celle-ci : *l'école sait-elle ce qu'elle veut*[3] ? Cette critique de la culture scolaire, conçue tantôt comme inversion de la vie, tantôt comme éteignoir de la vraie culture, est solidaire chez certains du mépris pour la pédagogie. Le plus simple est peut-être de confronter le travail scolaire à la définition communément reçue de la culture comme *ce qui reste quand on a tout oublié.* A juste titre cette définition est couramment attribuée à Édouard Herriot. Il n'est pas inutile d'en rappeler le contexte. Elle se trouve dans un ouvrage consacré à l'histoire de l'École normale supérieure de la rue d'Ulm, *Normale*, publié en 1932. Herriot y évoque un décret de 1903 qui voulait faire de Normale Sup., en même temps qu'une école de haute culture scientifique, un « véritable institut de pédagogie ». D'où ce commentaire : « La Pédagogie règne. Nous croyons peu à cette science, ou, du moins, à la théorie de cette science. Lorsqu'un futur maître possède les connaissances qui doivent lui donner sur des élèves son ascendant, le reste s'acquiert non par les manuels mais

3. ROUGEMONT (D. de), « Les méfaits de l'instruction publique », rééd. *in Trois pamphlets pédagogiques*, l'Âge d'homme, 1984.

par le contact direct avec la jeunesse, avec la vie... on semble vouloir réduire la part de ce qu'on appelle le "savoir général", c'est-à-dire, au demeurant, de la culture, de ce qui demeure dans l'esprit quand on a tout oublié. Un esprit agit sur d'autres esprits. A quoi bon revenir aux scolastiques périmées ? [...] Sacrifier la culture à la pédagogie, c'est sacrifier le fond à la forme[4]. » On ne saurait exprimer plus clairement ces contradictions de la culture et de la pédagogie que diagnostiquent à l'envi les spécialistes des sciences de l'éducation. Une acception emphatique de la « Culture » (ce *je-ne-sais-quoi* qui n'a rien à voir avec l'érudition) conspire avec la méfiance pour la pédagogie, formalisme vain, savoir pédantesque, pour faire de l'idée de culture scolaire quelque chose qui ne mérite ni attention particulière, ni égards excessifs.

La dépréciation de la culture scolaire et le mépris affiché à l'endroit de la pédagogie ne sont donc pas choses nouvelles. Il faut y voir, bien au contraire, un des aspects de cette crise structurelle de l'école que nous avons analysée plus haut. Mais cette tension prend en France un caractère bien particulier tant y est fort le mouvement qui vise à exclure la technique de la culture, et à assimiler la pédagogie à une technique au sens trivial du terme. Si la culture est le signe distinctif d'un âge (et d'une position sociale !) où l'on peut se permettre d'avoir presque tout oublié, la pédagogie, comme l'indique son étymologie, tient à l'enfance, aux recettes des nourrices et aux procédés des magisters. On pourrait

4. HERRIOT (E.), *Normale*, La Nouvelle société d'éditions, 1932, coll. « Nos grandes écoles ».

presque proposer cette boutade, la culture c'est ce qui reste quand on a tout oublié et la pédagogie, c'est le contraire : ce qu'il vaut mieux oublier pour qu'il ne reste plus que quelque chose comme... la culture !

La pédagogie

On entend généralement par pédagogie un ensemble de connaissances théoriques et pratiques qui correspondent à ce métier qu'est enseigner. Ainsi suppose-t-on qu'un professeur d'anglais, de mathématiques ou de musique doit être compétent dans la discipline qu'il enseigne mais aussi suffisamment versé en pédagogie pour pouvoir transmettre effectivement et efficacement les connaissances requises par les programmes scolaires. Cette métaphore de la transmission est solidaire d'une représentation assez pauvre du métier d'enseigner. Un bon sens généralement assez partagé accorde à Herriot que, lorsque l'enseignant maîtrise les connaissances qu'il a à transmettre, « le reste s'acquiert non par les manuels mais par le contact direct avec la jeunesse, avec la vie ».

La notion commune de pédagogie englobe donc à la fois se qui est désigné par certains spécialistes sous le terme de « didactique » (c'est-à-dire l'ensemble des réflexions, des savoirs, des techniques nécessaires pour bien transmettre une discipline) et tout « l'art de conduire une classe », ce qui relève de la relation pédagogique. A côté ou en plus de la culture, elle peut donc être perçue comme un simple recueil de procédés et de manières de faire qui relèvent de l'expérience acquise « sur le tas ». Tout aussi bien pourra-t-elle être présentée comme une rationalisation prétentieuse et pédante des ficelles du métier qui ne saurait impressionner que des esprits incultes. On comprend, dès lors, que la pédagogie ait pu être avant tout l'affaire des « primaires », ces « incapables prétentieux[5] ».

C'est justement cette conception qui l'a finalement emporté dans la mesure où les maîtres de l'enseignement secondaire sont encore aujourd'hui dispensés de la pédagogie. Contre les images d'Épinal, il faut rappeler que ce point de vue n'était pas celui des politiques et des pédagogues de la IIIe République qui ont assuré le développement de l'instruction obligatoire. Ils ont tenté de mettre en place à l'École normale supérieure et dans les Universités un enseignement de la pédagogie ou de ce qu'ils nommaient la *science de l'éducation*. La boutade qu'Herriot formule en 1932 est justement dirigée contre cette conception qui animait les espoirs mis dans l'école et la pédagogie au tournant du siècle. Conception plus complexe de la culture, éclairée par des approches historiques et sociologiques, où l'on trouve justement l'une des premières formulations de l'idée de *culture technique*. Ainsi, dans une leçon prononcée en 1901, Alfred Espinas remarque : « Notre École normale supérieure est comme une faculté de médecine à laquelle il manquerait un enseignement clinique. » Il y a des écoles industrielles, agricoles, militaires, etc. mais, note-t-il, « on n'admet pas volontiers qu'il y ait besoin d'une culture technique ni pour le professeur, ni pour l'homme

5. ISAMBERT-JAMATI (V.), « Les primaires, ces incapables prétentieux », in *Revue française de pédagogie*, n° 73, oct.-déc. 1985.

politique. En quoi on se trompe à mon avis. Autant que l'instituteur, le professeur a besoin de recevoir dans une étude expresse la tradition pédagogique et de voir se poser devant lui les problèmes pratiques de l'instruction et de l'éducation sous leur forme historique et actuelle[6] ».

Le débat du début de ce siècle peut éclairer certains traits structurels de notre système d'enseignement qu'il serait vain de vouloir ignorer. La conception pédagogique de la IIIe République correspond à une politique éducative qui se présente sous trois aspects. Comme une entreprise de rationalisation d'abord, qu'elle prenne la forme d'une mise en ordre des règles tirées de la pratique ou celle d'une application de règles « déduites » des savoirs scientifiques. Elle se caractérise, ensuite, par un processus de *professionnalisation*, depuis longtemps entrepris, et que la République intensifie et parachève. Au maître d'école succède l'instituteur, et la pédagogie prend un sens positif : elle désigne les connaissances et les compétences réglées qui se substituent aux routines et aux procédés non soumis à l'examen rationnel[7]. Cet aspect fait signe vers la troisième dimension : le mouvement des idées pédagogiques est progressiste : rationalisation et professionnalisation ont comme horizon

---

6. ESPINAS (A.), *Idée générale de la pédagogie ou art de l'éducation*, Leçon inaugurale, Faculté des Lettres de Bordeaux, Alcan, 1884.

7. Cette préoccupation apparaît d'ailleurs avant la IIIe République, en 1848, chez certains instituteurs comme l'ont montré S. Douailler et P. Vermeren, « L'esprit de pauvreté », in *Cahiers philosophiques*, CNDP, n° 6, 1982 ; et « Le salut du peuple et l'école de la fraternité », in *La grève des philosophes*, Paris, Osiris éd., 1986.

une certaine pensée de l'histoire où le *moderne* n'en finit pas avec la critique en droit et le travail d'éradication en fait des pratiques héritées de la tradition.

Dans ce contexte, les enseignements de science de l'éducation dispensés dans les facultés de lettres à la fin du XIXe siècle reposent sur une définition de la pédagogie rapportée à la distinction entre science et art (dont participe, d'ailleurs, la plus connue d'entre elles, celle de Durkheim qui définit la pédagogie comme *théorie pratique*[8]).

On constate alors que la plus grande partie des industries relève encore d'un art empirique qui s'est développé indépendamment de la science. Mais, partout où la science naît cet art est condamné, au moins en droit, car il est *aveugle*. S'il réussit, il ne peut pas se justifier. Donc, en fait, comme en droit, il n'est pas sûr. Enfin, il est difficilement transmissible. D'où le risque d'un divorce entre l'empirisme et la science, le danger d'une société où s'ignorent deux castes : celle des penseurs et celle des artisans. Dès la fin du siècle, un auteur comme Dugas note, à la suite d'Auguste Comte, l'importance d'une classe intermédiaire entre les praticiens et les spéculatifs : celle des *ingénieurs*[9]. Et ce qui est vrai de l'ingénieur, praticien doublé d'un savant, s'applique aussi au professeur. Rationalisation, professionnalisation, progressisme, la République entreprend de penser ses enseignants sur le modèle des « ingénieurs du social »

8. DURKHEIM (E.), *Éducation et sociologie*, Alcan, 1922, rééd. PUF, 1968. Sur les rapports entre sociologie et pédagogie, cf. aussi POMPOUGNAC (J.-C.), « L'école et l'enfance de la sociologie », in *L'empire du sociologue*, La Découverte, 1986.

9. DUGAS (L.), *Le problème de l'éducation*, Alcan, 2e éd., 1911.

susceptibles de transmettre, à travers l'instruction, en lieu et place des appartenances communautaires traditionnelles, une adhésion raisonnée aux valeurs communes qui fondent l'exercice de la démocratie.

L'art, toutefois, y trouve un statut théorique ambigu au terme d'une opération qui est moins technologique qu'ethnologique. Analysant les théories de la pratique (dont la pédagogie constitue la matrice), Michel de Certeau montre comment des « spectateurs » reconnaissent dans les arts du quotidien des merveilles qu'il suffit de dégager de leur langage erroné pour les renverser en un langage « propre ». « De toutes ces Cendrillon, écrit-il, la science fera des princesses. » Le principe d'une opération ethnologique sur ces pratiques est dès lors posé : « Leur isolement social appelle une sorte d'"éducation" qui, grâce à une inversion linguistique les introduit dans le champ de l'écriture scientifique[10]. » La pratique est mise à sa place : l'art « enkysté dans sa particularité » permet « à une science et à une éthique de tenir à sa place le discours *propre* dont il est privé, c'est-à-dire de s'écrire dans le lieu et au nom de ces pratiques ». En mettant en évidence cette « recette de la théorie » qui se donne un savoir « écrit déjà dans les pratiques, mais pas encore éclairé », Michel de Certeau montre comment se sont dégagées les conditions de possibilité d'une science de l'éducation. Et ce dans l'éternel retour d'un rendez-vous manqué : à un « objet » dont l'analyse serait interminable (l'ensemble des savoirs et des savoir-faire mis en œuvre par

---

10. CERTEAU (M. de), *L'invention du quotidien*, 10/18, UGE, 1980.

l'éducateur) une opération substitue un autre : cet « art » que Durkheim définissait comme « pratique pure sans théorie ». Loin de reconnaître à la pédagogie la dignité qui est la sienne, cette démarche annexe un nouveau territoire pour une science conquérante. Aussi, contrairement à ce que laisse croire l'expression consacrée *psycho-pédagogie*, la pédagogie n'est pas seulement une application de la psychologie (qu'elle soit d'essence philosophique ou scientifique) mais bel et bien une inflexion de la sociologie. C'est-à-dire une ethnographie et une « théorie » des processus fondamentaux par lesquels une société se reproduit. On trouve l'expression sans doute la plus élaborée de cette épistémologie rationaliste et progressiste qui légitime (et pour longtemps !) la vocation du sociologue à être l'expert privilégié des politiques éducatives dans cette description, par Marcel Mauss, de l'avenir radieux des sociétés démocratiques : « Le jour où, à côté des sociologues, quelques théoriciens de la politique ou quelques sociologues eux-mêmes, épris du futur, arriveront à cette fermeté dans le diagnostic et à une certaine sûreté dans la thérapeutique, dans la propédeutique, dans la pédagogie surtout, ce jour-là la cause de la sociologie sera gagnée [...] Il se peut même que tout en étant utile elle ne contente personne. La sociologie n'est que le moyen principal d'éducation des sociétés[11]. »

Au bout du compte il apparaît que le divorce entre la culture et la pédagogie, loin d'être un malentendu, est une caractéristique fondamentale de notre système scolaire, conséquence d'un partage social des savoirs et

11. MAUSS (M.), *Essais de sociologie*, Seuil, 1971.

d'une stratification qui distingue savants, ingénieurs et producteurs. Jusqu'à une période finalement assez récente[12], cette contradiction structurelle était marquée par la barrière qui séparait le primaire du secondaire. Le certificat d'études d'un côté, le baccalauréat de l'autre ont constitué des repères fortement identificateurs qui, malgré les aménagements nécessaires, sont longtemps restés comme des témoins du rôle symbolique joué par l'enseignement du latin et des humanités. D'un côté, la foi en la culture humaniste, d'un autre la confiance en la pédagogie.

L'élitisme de la culture humaniste se marque en effet moins par des contenus spécifiques, dont l'accès aurait longtemps été réservé aux élites bourgeoises et aristocratiques, et préservé des masses populaires, que par la croyance dans les vertus intrinsèques de l'imprégnation culturelle. Ce savoir est à lui seul son mode d'emploi, il se signale à l'attention par la gratuité de ses fins vis-à-vis de tout usage mercenaire, et comme tel, il n'exige rien d'autre qu'une conversion de l'âme aux valeurs du beau, du vrai et du bien. Cette culture, qui n'a pas de fin en dehors d'elle-même, induit une pratique « libérale » de l'enseignement. La culture primaire, en revanche, est tout entière tournée vers le pédagogique, didactiques et méthodes visant à rectifier le jugement, simplifier le savoir, distinguer les étapes. Elle est aussi fortement ordonnée à une finalité civique, c'est-à-dire, à la fois d'émancipation des individus et d'édification du corps politique.

---

12. Cf. PROST (A.), « Quand l'école de Jules Ferry est-elle morte ? », in *Histoire de l'éducation*, n° 14, avril 1982, INRP.

Les crispations des débats pédagogiques, opposant les tenants du savoir à ceux de l'épanouissement individuel de l'élève, traduisent le trouble qui a gagné les enseignants à la suite de l'unification progressive en un seul système de deux logiques dont les principes étaient laissés dans l'ombre. Les discours polémiques sont d'ailleurs chacun infidèle à son héritage propre, car l'accent porté sur la pédagogie a toujours été au service de la transmission des savoirs, ce que le pédagogisme contemporain tend parfois à oublier, tandis que le souci des humanités a toujours été solidaire d'une finalité avant tout éducative, la formation de l'homme, et ne sacrifiait pas à un intellectualisme abstrait, comme tendent à le faire ceux qui hypostasient le « Savoir ».

La volonté, à tous égards louable, de rapprocher le plus possible les contenus d'enseignement et la formation des enseignants, des pôles actifs de la recherche et de ses derniers développements, a entraîné un éclatement des équilibres fragiles qui s'étaient instaurés entre les disciplines et au sein d'une même discipline. De ce point de vue, la crise de la culture scolaire n'est au fond qu'un reflet d'une crise de la culture scientifique en général, et la fonction « humaniste » de la culture générale est bien moins entamée dans l'école qu'elle ne l'est à l'échelon de la recherche dont les critères, les exigences de publication et de carrière ont transformé la nature jusque dans les sciences humaines.

On le voit, ce qui est en jeu, c'est bien plus que la seule détermination des savoirs à « transmettre » et l'élaboration des moyens de cette transmission. C'est, plus fondamentalement, une interrogation sur les manières dont le savoir peut produire du sens. La tension structurelle entre culture et pédagogie, assumée pendant près d'un siècle par la distinction entre primaire et secondaire, s'inscrit aujourd'hui dans une conjoncture nouvelle où la sélection des savoirs dignes d'être transmis doit s'opérer à nouveaux frais.

La rationalité et le sens

A un corpus relativement stable et clos s'opposerait l'ouverture à des savoirs modernes (entrés dans l'école, on le sait, dans le sens de « moderne » opposé à « classique ») : des contenus de connaissance dérivés de la science. Ce constat porte en lui une manière de voir qui, même si elle est largement partagée, risque de conduire à des impasses. Elle procède d'un formalisme qui oppose « contenus » et « méthodes », savoirs et transmission, connaissances et « art » de les faire passer, qui constitue le cadre passablement schématique dans lequel s'inscrivent encore trop souvent les débats sur l'école et les programmes. Certains semblent croire que tout le problème se résumerait à « toiletter » les programmes, à introduire les nouvelles connaissances produites par la modernité, et à transformer ces savoirs en disciplines scolaires (par une « transposition didactique », comme on dit). Comment fait entrer les « mathématiques modernes », les sciences sociales, la linguistique dans l'école ? Aux prix de quelles traductions, programmations, réductions à des éléments, simplifications, voilà comment on a coutume de poser la question.

A elle seule cette approche est intenable. L'école n'est pas un lieu de vulgarisation, d'information scientifique et technique. Une discipline n'y vaut que dans la mesure où elle fait sens, où elle peut être annoncée comme « formatrice », où elle contribue à élever l'élève, à le faire sortir de la minorité. Ce qui importe, c'est la mise au point de disciplines et d'exercices qui parviennent à introduire les écoliers dans un monde dont on peut espérer qu'ils sauront le transformer. C'est le double rapport à la science et à la culture c'est-à-dire à la rationalité et au sens, à des procédures de vérité et à des significations partageables. Les débats sur les programmes et les contenus d'enseignement ne cessent d'être de faux débats qu'à condition de sortir de l'alternative entre contenus et méthodes, savoirs et procédures, culture et pédagogie. Car le formalisme d'une approche exclusivement « méthodologique », l'abstraction du « tout savoir » aboutissent à la coupure entre contenus de connaissances (référés au patrimoine ou à la science) et relation pédagogique (qui relèverait du psychologique). Cette incapacité à penser ensemble ces différents registres de la situation d'enseignement aboutissent tout simplement à faire perdre la question du sens. Michel de Certeau le notait déjà, en 1972 : « Deux lignes de recherche se séparent : l'une se consacre aux contenus (traditionnels ou progressistes), élaborés par les spécialistes d'une discipline ; l'autre s'attache à la relation pédagogique en tant qu'elle devient la spécialité d'une science propre ou bien une expérience concrète isolée des travaux sur les disciplines... L'enseignement vacille entre les deux termes d'une alternative : ou se retrancher sur le savoir (qu'une bonne initiation psychologique permettra de "faire passer"), ou entrer avec les enseignés dans le jeu des rapports de force ou de séduction (dont les discours scientifiques ne sont plus que les métaphores)[13]. »

Une telle analyse prend acte, en la révélant, d'une dissociation entre culture et savoir. S'approprier un savoir ce n'est pas nécessairement s'introduire dans une culture. Tout se passe ici comme si l'école était victime de son succès. Passage obligé des insertions sociales et professionnelles réussies, l'école est considérée sous l'angle exclusif de l'utilité. On y apprend pour réussir des examens, lesquels attesteront, sur le marché de l'emploi, des performances du « produit » scolaire. Comme l'écrit Anne-Marie Chartier : « A l'aune de la société marchande, les savoirs valent ce que vaut la position sociale qu'ils permettent d'escompter. La valeur d'échange a pris le pas sur la valeur d'usage[14]. » Du coup, l'école est hors culture non pas parce que l'utile et le rentable s'opposent par essence à un culturel nécessairement gratuit, mais parce qu'il n'y a culture « que si, aux yeux de celui qui l'effectue, une pratique sociale est signifiante, que si l'acte de son effectuation est porteur de sens. Qu'une conduite soit rentable ne suffit pas à la rendre sensée ».

La disjonction entre culture et savoir en recouvre donc une autre, plus essentielle, entre sens et rationalité. La seconde se distingue du premier comme la stratégie des

13. CERTEAU (M. de), *La culture au pluriel*, 10/18, UGE, 1974.

14. CHARTIER (A.-M.), « L'école éclatée », *Le bloc-notes de la psychanalyse*, n° 7, Genève, 1987. Dans cet article, elle rassemble pour les commenter les contributions éparses de M. de Certeau à la question de l'école. Nous suivons ici son analyse. Voir aussi CHARTIER (A.-M.) et HÉBRARD (J.), « L'invention du quotidien, une lecture, des usages », *Le Débat*, n° 49, 1988.

pratiques tacticiennes ; elle est une construction cohérente qui enchaîne des hypothèses à des conclusions, des moyens à des fins. Mais la production du sens ne suit pas les belles chaînes de raisons à l'œuvre dans les logiques de la rationalité[15]. Savoirs en acte et sans métalangage, les « logiques du sens » n'en sont pas pour autant irrationnelles mais nul ne peut répondre immédiatement de ce qui, pour lui, fait sens, qui se présente d'abord sous la forme d'un croire, et qui ne peut s'articuler comme un savoir qu'au terme d'un processus d'élaboration. Sauf à être en complicité avec celui à qui communiquer ce « savoir », alors déjà partagé comme un « ce qui va sans dire ». Telle est justement la définition de la culture : « un ensemble de savoirs qui, à un moment donné, fait l'objet d'une croyance partagée. » On comprend mieux ainsi la virulence des polémiques dont la culture scolaire est l'objet. Entre tous les savoirs possibles, ceux retenus pour être « transmis » à l'école sont ceux dont on « croit » qu'ils ont une valeur formatrice pour la jeune génération. Mais tout le monde ne croit pas aux mêmes valeurs, au même moment, de la même manière. Ainsi, « les bouleversements qui ébranlent le socle culturel de la citadelle enseignante sont donc à chercher du côté de ce que Michel de Certeau nomme les *révolutions du croyable* et qui sont les véritables révolutions culturelles ».

---

15. Sur la distinction entre rationnel et raisonnable, cf. DREYFUS (D.) et KHODOSS (F.), « L'enseignement philosophique », *Les Temps modernes*, n° 235, 1965.

Polysémie de la culture

Ces révolutions culturelles affectent la tâche de l'école dans ce qu'elle a de plus radical. L'être humain, le petit d'homme ne saurait s'accomplir sans éducation. Sans elle il reste barbare, enfant sauvage. L'éducation n'est pas seulement ce processus par lequel une génération transmet à la suivante quelque chose qui la précède. Plus essentiellement, dans l'éducation, la culture institue l'enfant comme sujet humain. On est alors renvoyé au problème de la crise de la culture, non pas seulement dans l'école, mais en général, ce dont témoigne la tension entre les différents sens du mot culture, notion fortement polysémique.

Pour s'y retrouver, on peut suivre ici l'excellente analyse que propose Jean-Claude Forquin[16]. Les différentes acceptions du terme s'articulent, rappelle-t-il, autour de pôles opposés. Tantôt elle est perçue du côté de l'accomplissement individuel, tantôt du côté du collectif auquel elle introduit. Elle peut être entendue de manière normative (la culture est un ensemble de valeurs partagées) ou descriptive, selon le point de vue de l'ethnologue ou du sociologue. Enfin, elle est perçue de manière universaliste (la culture accomplit une nature ou une destination humaine qui transcende les époques et les frontières), ou particulariste (elle enracine alors dans des identités). L'opposition majeure reste celle qui distingue une conception « perfective » et une définition « ethnologique ». La première désigne l'ensemble des qualités caractéristiques du sujet « cultivé », l'homme

---

16. FORQUIN (J.-C.), *École et culture*, Éd. Universitaires, 1989.

accompli, l'honnête homme par exemple et suppose un processus de formation de soi, de « civilisation ». La seconde a le mérite d'envisager la culture dans toutes ses dimensions soit, pour reprendre la définition canonique de Tylor, « ce tout complexe qui inclut les savoirs, les croyances, les arts, la morale, les lois, les coutumes et autres capacités acquises par l'homme en tant que membre de la société[17] ». Cette conception à l'œuvre dans des travaux d'historiens comme Élias, de sociologues comme Bourdieu, est attentive au partage inégal de « la » culture, aux variations temporelles ou sociales des manières de faire et des manières d'être et aux conflits qui en résultent.

Or, la culture transmise à l'école est moins restrictive que la première définition et moins globale que la seconde. Elle résulte, en effet, d'une sélection : à l'école, il ne s'agit pas de tout transmettre, et tout choix suppose des jugements de valeurs. Mais dans les sociétés démocratiques la culture scolaire est plus large que l'acception restreinte réservée à une élite que sa culture distingue du vulgaire. L'école intériorise plutôt ce qui apparaît à d'autres comme une dichotomie et assume cette tension entre le populaire et le distingué. Parce qu'ils visent avant tout à intégrer les écoliers à une culture, les choix qu'elle opère sont conduits à prendre en considération ce qui n'appartient pas, ou pas encore, à la culture reconnue. Car ces tensions, entre barbare et cultivé, entre culture des lettrés et culture scolaire rejoignent le permanent conflit entre le classique et le moderne.

Toute éducation scolaire suppose une sélection au sein

---

17. TYLOR (E.-B.), *Primitive Culture*, London, J. Murray, 1920.

de la culture et une ré-élaboration à destination des écoliers. Cette sélection s'opère par rapport à un passé dont tout ne saurait être retenu et qu'il faut aussi savoir oublier. Et par rapport au présent dont seuls certains éléments seront jugés dignes d'être transmis, au terme de consensus ou de compromis entre adultes.

De fait, la transmission scolaire est aujourd'hui sortie de la tradition. Le monde change, dit-on, et ce changement s'accélère. Mieux, il est devenu, en soi, une valeur. Il en va ainsi des progrès de la science, amnésique quant à sa propre histoire, et des innovations de la création artistique. Le modernisme qui a cours dans ces domaines est même devenu une « tradition » bien établie et la fuite en avant du progrès scientifique ou des avant-gardes culturelles a quelque chose de vertigineux.

Le conflit des interprétations

L'idée même de tradition a éclaté et tel est bien le caractère spécifique de la crise de la culture scolaire moderne. Le problème qui se pose à nous, selon J.-C. Forquin, est d'essayer de penser « l'incompatibilité structurelle entre l'esprit de modernité et la justification de l'éducation comme tradition et transmission culturelle ». Cette difficulté relève du « conflit des interprétations » (l'expression est empruntée à Paul Ricœur). En effet, en une première lecture, le concept d'éducation est inséparable de celui de valeur. Ce qui justifie les contenus culturels transmis (il faudrait mieux dire : cultivés, exercés) à l'école c'est leur valeur intrinsèque, celle qui s'attache au fait même de les pratiquer et de les exercer. Il en allait ainsi hier du latin, aujourd'hui des mathématiques. On connaît la métaphore par laquelle sont justifiées des disciplines que leur abstraction ne rend pas évidemment ou immédiatement utiles : ce sont des « gymnastiques de l'esprit ». Dans le même registre les professeurs d'éducation physique savent montrer combien, sans la prise en compte du corps ou plutôt de l'unité que constituent le psychique et le moteur, toute éducation est foncièrement mutilante. A la limite, nul autre intérêt n'est ici à considérer que ce que chacun considère comme l'exigence fondamentale de la culture : la valeur qui s'attache à l'exercice de l'intelligence, à la réflexion ou l'épanouissement de l'être dans sa globalité incluant le développement harmonieux des mouvements du corps, bref l'accomplissement d'un idéal de l'être humain.

L'autre interprétation voit dans la proclamation de la valeur des contenus culturels considérés comme « légitimes » une élaboration idéologique, une rationalisation destinée à masquer la construction sociale des savoirs scolaires, la domination de certains groupes, de certaines représentations. Ces deux lectures s'opposent, note justement Forquin, comme le grammairien normatif et le linguiste descriptif. On pourrait ajouter comme s'opposent le sociologue qui tente de rendre raison de la perte du sens de l'orthographe par des considérations historico-sociales et le philosophe qui considère que « la crise de l'orthographe est une crise morale », comme l'écrivait Gustave Monod en 1924. Il y a bien là deux lectures. L'une pense démystifier au nom d'un principe de réalité. L'autre s'efforce de mettre le réel en perspective à partir d'un horizon d'idées régulatrices. L'une qualifie la culture reconnue comme « légitime » et dévoile la « violence symbolique » qui est à son principe ; l'autre affirme : « La crise de l'école concerne les valeurs, elle ne peut être résolue par les seules méthodes scientifiques. En réalité, le problème de l'école est principalement un problème moral[18]. »

C'est dire qu'en dernière analyse la question de la culture scolaire est suspendue à cette épreuve. Que voulons-nous enseigner et comment ? Et d'abord pourquoi ? Cette question se pose parfois de façon radicale, comme en 1968. Elle est aussi l'objet des commissions ministérielles et autres lieux où se négocie l'avenir de l'école (qui vont des instances de formation aux syndicats en passant, parfois, par les partis politiques). Mais c'est la même question qui se pose aussi quotidiennement à l'enseignant, sous-jacente à chacun de ses choix, de ses gestes pédagogiques. Question indissolublement théorique et éthique : savons-nous ce que nous voulons (et voulons-nous ce que nous savons) ? Il s'agit à la fois de *penser* l'école et de *faire* la classe.

La tâche est celle d'une herméneutique. Quel sens donner à ces règles du jeu scolaire et du jeu social dont nous sommes à la fois les jouets et les acteurs ? Il s'agit bien de retrouver d'abord une intelligence de la situation qui dégage un espace de jeu pour l'action, action politique et acte pédagogique qui ont en commun d'avoir à frayer leur voie entre le fatalisme et le volontarisme.

---

18. LURÇAT (L.), « L'impossible connaissance totale de l'enfant », *Esprit*, nov.-déc. 1982.

Objets et manières de la culture scolaire

Il y aurait donc à imaginer pour les enseignants une double culture : une culture des manières de faire, proprement pédagogique, et une mise en forme des objets du savoir, susceptible de les présenter. Il y aurait certainement à imaginer des ponts entre les deux car pour l'élève, les objets de la culture sont marqués par les manières pédagogiques. Comment recueillir dans une culture les connaissances à transmettre à l'école ? La question est celle de la mise en relation d'éléments épars, de « contenus » disjoints. Trois opérations peuvent opérer ces relations : la première est de l'ordre de la présentation, la seconde de l'ordre du récit, la troisième de l'ordre de la problématisation. Il est souhaitable et possible de développer à propos de chaque objet de savoir une poétique, une mémoire, et une problématique. Seule la conjugaison de ces trois exercices peut à la fois donner l'idée qu'il y a quelque chose à comprendre, en communiquer le goût, indiquer les manières de s'y exercer, et enfin, préparer une démarche critique dans les champs du savoir et de la culture.

Une poétique : il s'agirait d'accueillir dans une poésie juste ce qui se présente à l'imaginaire. Pour l'enfance, c'est là presque le tout du monde. Les choses usuelles et les objets techniques eux-mêmes peuvent relever d'une telle approche. La littérature ne manque pas. Le *Bel aujourd'hui* de Jacques Lacarrière fait bruisser les éoliennes, et donne une poésie insoupçonnée à la nuit des autoroutes[19]. Le savon a une étrange saveur chez

19. LACARRIÈRE (J.), *Ce Bel aujourd'hui*, Fayard, 1990.

Ponge. Mais aussi le pré et la crevette. Trois idées ici : faire entrer l'objet technique dans la poésie, sans en chasser ses objets habituels, c'est d'abord reconnaître son humanité, ne pas en exiler le sens, ni le rêve. C'est aussi mettre le rêve à sa place : c'est quand on ne s'aperçoit plus que la technique peut faire rêver comme chez Jules Verne, qu'elle devient un cauchemar par l'utopie sordide et planifiée du technocrate. C'est encore accueillir l'émerveillement sans encourager la croyance magique et indirectement préparer l'esprit critique. C'est enfin simplement apprendre à goûter la langue, qu'elle nous parle de « brin de bruyère », ou de « bergère, ô tour Eiffel ». Car l'émerveillement se cultive, non dans la fascination niaise mais auprès des plus grands. Les grands poètes modernes sont sensibles à la présence du présent, et leur verbe révèle à la fois les forêts et les gares. Surtout, cette poétique doit pouvoir s'appuyer sur une rythmique, si nécessaire au moment où l'enfant, dans sa croissance organique même, éprouve le besoin de consolider des structures récemment acquises. Le « par cœur » de l'ancienne école, dont elle a en effet abusé, n'était que l'intuition de ce besoin fondamental de l'enfant de s'inscrire dans des rythmes. A vouloir parfois trop précipiter la dimension intellectuelle des apprentissages, l'école moderne l'a peut-être oublié. Rythmes qui permettent non seulement, comme on l'a dit, d'exercer la mémoire, ou qui fournissent un stock de références ultérieurement disponibles, mais qui dans le moment même de leur apprentissage sont d'une nécessité quasi vitale pour conforter des aptitudes : langagières et de prononciation, mais aussi syntaxiques, ou encore de vocabulaire. Quand ils n'ont pas de valeur en soi : disposer d'une gamme de rythmes différents pour moduler ce qu'on a à dire, n'est-ce pas le premier mot de l'expression, si revendiquée par ailleurs ? La poésie scolaire oublie trop souvent , une fois franchie la porte de la grande école et abandonnée la maternelle, la nécessité des comptines, les bonheurs de la rime et des assonances.

De la même manière, on a cru qu'une appréhension juste du temps était un préalable obligé à l'apprentissage de l'histoire, et que la conscience du temps devait se développer en elle-même pour éviter d'apprendre ce qu'on ne comprenait pas. Que de crimes n'a-t-on pas fait porter aux litanies de dates de l'histoire de France, en effet bien ennuyeuses et creuses. Mais croit-on qu'une histoire faite d'une critique sauvage de documents (lesquels sont le plus souvent des artefacts scolaires), qui transforme l'enfant en archiviste d'occasion, soit intellectuellement plus riche et surtout plus passionnante ? Par une anticipation dévoyée de l'épistémologie historique la plus contemporaine, on a cru que l'histoire ne devait rien à la mémoire. Aujourd'hui, des historiens s'en alarment[20]. A-t-on oublié qu'elle est toujours récit, même dans les formes les plus sophistiquées de la recherche historique[21] ? Certes, on ne peut plus user de l'histoire comme cette réserve de merveilleux patriotique, qui venait tout naturellement prendre la place des contes dans les progressions scolaires : il était une fois Clovis, saint Louis et le bon roi Henri… Mais

20. LE GOFF (J.), *Histoire et mémoire*, Gallimard, 1988.

21. RICŒUR (P.), *Temps et récit*, 3 vol., Seuil, 1983-1985 ; CERTEAU (M. de), *L'écriture de l'histoire*, Gallimard, 1978.

il reste que les contes sont la meilleure préparation à l'histoire parce qu'ils racontent une histoire, et que l'histoire se raconte. La différence n'est guère que de la vérité à la fiction, ce qui n'est pas rien, mais ne se vérifie pas dans des « constructions », surtout frelatées. La conscience du temps ne sera jamais un « prérequis » de l'histoire (pour parler le jargon pédagogique) pour la bonne raison que c'est par la connaissance de l'histoire que la conscience du temps nous vient. Comment faire intuitivement la différence entre il y a trente ans, il y a cent ans et il y a deux mille ans, sinon parce que nous savons les événements qui s'y déroulent ? Seul le temps vécu a une épaisseur intuitive propre, et la conscience historique n'est pas extrapolation du vécu : elle se nourrit de la connaissance des faits et gestes de ceux qui ont vécu avant nous. Ce qu'il importe donc, c'est aussi de nourrir une mémoire, et si possible commune : l'histoire nationale doit être racontée à cet effet, qui donnera sens à la chronologie et permettra un comparatisme solide. Car elle n'a pas besoin d'être nationaliste pour être racontée : l'humanité n'existe pas dans l'abstraction du seul concept, mais aussi dans la diversité de ses incarnations, ce que précisément raconte l'histoire[22].

Une problématique enfin. Dans la relation et la présentation du monde, la construction critique du savoir part toujours d'une représentation des phénomènes. Mais cela ne doit pas être fait n'importe comment. Il faut savoir à la fois présenter une problématique et ouvrir les yeux

22. Voir sur ce point, DESVIGNES (D.) et ROMAN (J.), « Le temps, l'histoire et l'enfant », *Cahiers pédagogiques*, n° 238, nov. 1985.

sur des faits « têtus », même si l'autre n'est pas encore en mesure d'entrer dans l'explication. C'est très exactement le problème posé au grand géographe Mentelle par des normaliens, en l'an III. L'étude de la géographie, dit l'un, devrait « *être précédée* (nous soulignons) de quelques connaissances astronomiques : outre qu'elles sont utiles par elles-mêmes, elles sont indispensables pour rendre l'étude de la géographie plus facile, plus intéressante, et plus complète »... Mais la difficulté est de présenter les premiers éléments par le moyen de « petites expériences à la portée des enfants ». « A la vue du globe... les enfants qui fréquenteront les écoles primaires ne manqueront pas de faire plusieurs questions... Que dire à ces enfants ? Y aurait-il quelque expérience simple qui pût leur rendre sensible la raison pour laquelle les habitants du globe sont sur leurs pieds, comme nous sur les nôtres ? Ne pourrait-on pas leur expliquer comment les eaux ne se déversent pas dans l'espace, dans le mouvement que fait la terre[23] ? » Dans le débat que soulèvent ces questions, sont alors discutés pied à pied les objets proposés en analogie, pour faire comprendre le fait de la gravitation : l'un propose celui de la mouche sur la pomme. Or elle tient par « l'effet de ses crochets » : cet exemple a beau être « concret », il induit en erreur sur le phénomène. De même l'exemple d'aimants, ou encore l'explication par l'analogie d'un verre et d'un liquide « que le mouvement fait tenir » en cercle. Mais c'est « tout le contraire qui se passe ».

23. Les séances de l'École normale de l'an III ont été sténographiées et publiées. Leur réédition est en préparation sous la direction de M.-J. d'Hombres.

Mentelle et ses interlocuteurs en tirent une conclusion, et un critère. L'un d'eux propose une explication qui donne l'idée de la théorie de la gravitation, sans entrer dans les calculs. Mais par deux fois il précise : « Il faut reculer la réponse jusqu'à ce que l'enfant soit en état de la comprendre. » Avant la complexité de la théorie, il y a peut-être des explications accessibles : mais elles doivent « donner une idée juste de la pesanteur ». Et Mentelle insiste sur ce point : « Nous avons craint de donner à l'enfant des idées qui ne fussent pas justes. » Il précise encore : « Ce serait même donner une idée fausse que de donner telle explication... » Si le débat date un peu, il peut donner quelque piste de travail à nos didacticiens. Certains, oublieux de Bachelard, en dépit de leurs dires, cherchent à étudier les représentations des enfants ; et si les représentations de ces derniers n'étaient pas seulement de leur cru, mais dépendaient aussi de ce que des adultes, l'école même, leur avaient déjà fourni comme explication « à leur portée » ?

Ce débat montre encore l'exemple d'une discussion dans laquelle la problématique pédagogique éclaire la constitution du savoir. Si le savant répond sans condescendance à ses interlocuteurs, c'est que le problème n'est pas simplement de « transposition ». La recherche d'une représentation du savoir à la fois élémentaire et juste conduit à réfléchir au fond, à repenser le savoir même. D'où une question capitale : celle du recours et de l'usage des métaphores et des images, que l'on peut tout aussi bien étendre à tous les « artifices » (sans connotation négative) pédagogiques : tableaux, schémas, graphiques, mais aussi autres présentations héritées des manières de faire, et organisations diverses du temps et de l'espace.

Comment ces mises en relations, qu'elles soient de l'ordre des mots ou d'autres pratiques, peuvent-elles être pensées ? Car si la pédagogie est ce dont la conscience a oublié les artifices, on sait que la façon dont elle a procédé marque, et pour longtemps, le corps et le cœur de l'écolier. Les *Cahiers d'enfrance* de Pierre Sansot en sont un témoignage, pour une école révolue[24]. Dans ces marques passe aussi la culture mais également son dégoût : il faut prendre conscience de celles qui sont illégitimes, et de celles qui sont pertinentes. Manières de faire et manières de dire, objets et manières de la culture relèvent d'une étude conjointe.

Relations élémentaires du monde

L'attention au sens des savoirs ouvre un champ de réflexion considérable. Mesurons ici la tâche décrite par Nina Berbérova : « Les petits me faisaient de la peine. Ils passaient la journée tout seuls : les parents étaient en train de divorcer. Ces enfants ne demandaient qu'à étudier, mais on ne leur donnait aucune instruction ! Le garçon, l'aîné avait douze ans, la fille dix. Ils gobaient littéralement tout ce que je leur racontais. Ces enfants s'accrochaient à moi, ils voulaient tout savoir, et il n'y avait pas un livre chez eux ! J'en pleurais. Ils n'allaient pas à l'école, leurs parents ne s'en occupaient pas. Toute la journée ils parlaient entre eux, et même les tout-petits discutaient au lieu de jouer : pourquoi ceci ? pourquoi cela ?... Et ils n'arrêtaient pas de poser des questions :

24. SANSOT (P.), *Cahiers d'enfrance*, Champ Vallon, 1989.

D'où vient le tonnerre ? Pourquoi il y a des étoiles ? Jusqu'à quel âge vivent les chiens ? Qui était Napoléon[25] ? »

Cette question du sens, les élèves plus âgés semblent la formuler de façon désabusée : « A quoi ça sert, disent-ils, d'apprendre ceci, ou cela ? » On les soupçonne d'utilitarisme, on les juge blasés au point de ne plus savoir éprouver de curiosité intellectuelle. Trop intéressés par la question de l'utilité, ces élèves ? D'où la riposte professorale : « Vos enfants ne m'intéressent plus ! » Et si ce n'était pas tant l'utilité qu'ils cherchaient ? Ils s'interrogent sur le sens de ce qui leur est proposé. Plus même : ils *nous* posent cette question. Ainsi dans la parole même de celui qui doit apprendre, trouve-t-on exprimée la triple demande de relation qui conditionne le désir de connaître. Qu'est-ce que cela signifie pour vous ? D'où cela vient-il ? Comment le relier à ce qui est déjà su ou connu ? Faute, non pas tant d'une réponse que d'un *signe* de l'enseignant, manifestant qu'il a entendu ces trois questions, et qu'il essaie d'y faire droit dans l'exercice même du savoir, la transmission ne se fait pas. Poétique, mémoire, problématique : ces trois démarches doivent à la fois précéder et accompagner l'entrée dans le savoir. Leur coexistence ne doit impliquer ni hiérarchisation, ni négligence, ni assimilation. Mais elle invite à s'interroger sur l'ordre de leur effectuation : qu'est-ce qui est élémentaire ?

Bachelard distinguait deux « axes » inverses : celui de la poésie et celui de la science. Il faudrait ici prendre au sérieux cette proposition, et en comprendre les enjeux

25. BERBEROVA (Nina), *Le mal noir*, Actes Sud, 1989.

et les conséquences. D'une part, ni la critique, ni la poétique, contrairement à ce qui est couramment admis, ne sont spontanées. Devant un gadget technique, les enfants (et les adultes) peuvent s'émerveiller, mais n'entrer aucunement ni dans la poétique (qui est autre chose que l'intérêt momentané pour une « technique magique »), ni dans l'activité scientifique qui est critique. Il faut rappeler que l'activité scientifique « doit se former *contre* la Nature, contre ce qui est, en nous et hors de nous l'impulsion et l'instruction de la nature, contre l'entraînement naturel, contre le fait coloré et divers[26] ». Mais il faudrait ajouter que la poétique et l'imaginaire se cultivent aussi. L'éducateur spontanéiste qui « livre » la Cité des sciences et de l'industrie de la Villette à ses classes, sans avoir réfléchi pour lui-même et sans les préparer à regarder ce qu'il s'agit d'apprendre à voir, dans différents regards, n'est guère que l'agent de cette religion scientiste, de ce rapport irrationnel à la science que nous évoquions plus haut.

Pour autant, on doit se garder de mêler abusivement les points de vue, de considérer que l'un exclut l'autre, mais s'efforcer de les combiner en les distinguant. Il faut se libérer du partage selon lequel si l'on choisit l'une des trois approches, celle-là exclut les autres. Savoir quelque chose de l'histoire ou de la langue d'un poème ne doit pas empêcher de le goûter, et inversement. Admettre facilement la poétique du regard pour un tableau n'implique pas de rejeter l'objet technique des perspectives à la fois historiques, poétiques et critiques.

---

26. BACHELARD (G.), *La formation de l'esprit scientifique*, Vrin, 1938, rééd. PUF, 1972, ch. III, p. 23-25.

La connaissance critique conjugue la connaissance « scientifique » classique à une réflexion qui permet de resituer la technique comme une activité humaine (et non comme une idole). La démission d'une certaine tradition philosophique, réactualisée dans la modernité autour du thème de la barbarie de la technique, est pour beaucoup dans la persistance de ce faux partage.

Sortir de ces impasses, c'est aussi travailler à l'élaboration de cette culture qui pourrait assurer dans des perspectives diverses et « complémentaires » la mémoire, l'imagination, et une première intelligence des signes. Une telle culture a pour vocation de montrer, de faire « pressentir » qu'il y a « quelque chose à comprendre », et de mettre en place les conditions d'entrée dans la compréhension. Une réflexion sur la culture scolaire doit chercher alors ce que peut bien signifier « élémentaire ». La pente habituelle est de chercher les éléments dans une perspective « atomistique » : on cherche les plus petites unités possibles (supposées les plus accessibles), la complexification venant par l'ajout d'autres éléments plus difficiles et dans des combinaisons ultérieures. Or dans ce cas, on manque précisément le principe organisateur. Il faut bien plutôt chercher les *unités de sens* les plus élémentaires, c'est-à-dire déjà des combinaisons, des perspectives, les plus accessibles, mais de telle sorte que la dynamique du développement du savoir puisse y prendre appui. Cela implique que ces premières « unités » aient déjà quelque sens en elles-mêmes, et qu'elles sollicitent le désir d'aller plus loin. Or ces unités de sens, même si elles sont la condition d'un savoir plus élaboré, qu'on qualifiera plus tard de scientifique, ne sont pas nécessairement elles-mêmes déjà des sciences.

Mais ces « unités » ne sont pas non plus « n'importe quoi », qui serait « bon pour les enfants ».

Condition de l'accès aux savoirs scientifiques, les savoirs élémentaires ne sont pas, dans leur objet même, déjà des sciences. Cela n'empêche pas qu'ils sont fondamentaux (tout se passe comme si seul le qualificatif de « scientifique » pouvait ouvrir reconnaissance à la qualité et à l'importance d'un savoir). Savoir lire, savoir compter, savoir écrire, savoir décrire... Cela n'empêche pas non plus que l'esprit dans lequel ils sont exercés ne soit pas étranger à l'esprit scientifique : seul un authentique travail dans les disciplines (et non une vague « teinture ») peut accomplir cette formation de l'esprit, donner, dans l'expérience d'apprendre et de savoir, l'idée et le goût du savoir, et permettre de résister à la croyance. Il faut donc bien apprendre quelque chose.

Mais dans le souci même de l'élémentaire, puis dans la progression ultérieure, faut-il encore apprendre d'une manière qui permette d'organiser des repères, de prendre des vues perspectives, de comprendre la signification, le sens de ce qu'on apprend. Les savoirs scientifiques sont sans mémoire : il ne faut pas s'étonner qu'à les livrer sans relation, à tous les sens du terme, on « manque » la transmission. D'où l'importance non pas d'un mélange, d'une dissolution des disciplines, mais d'une « interdisciplinarité » bien comprise, où — dans le secondaire — la littérature serait mise en perspective avec un peu d'histoire, où la philosophie accompagnerait l'exercice et l'histoire des mathématiques etc.[27] Au

27. Cf. la problématique voisine développée par J.M. Domenach, *Ce qu'il faut enseigner*, Le Seuil, 1989.

bout du compte, cette question du sens conduira à élaborer des alliances inédites entre les disciplines. Ainsi la culture que nous appelons ici pour accueillir le savoir est finalement inséparable de son exercice.

5

LE SENS DE L'EXERCICE

Scolaire : l'épithète est souvent péjorative, qui sert à dévaloriser un savoir, une attitude, une technique. A l'employer ainsi, on signale qu'on ne s'embarrasse pas d'atermoiements : ce qu'on sait, il va de soi qu'on sait qu'on le sait, sans efforts, sans peine, sans cette application qui trahit l'apprentissage. Savoir de connivence, qui évoque aussi une pédagogie de l'implicite, des effusions communes, de révérences partagées. Curieusement, cette logique de caste et de mépris pour les apprentissages n'a pas disparu avec l'extension de la scolarisation à de nouvelles couches sociales. Pour une part, elle s'est même renforcée, témoignant de la profonde réticence au « partage du savoir » d'une bonne part des enseignants « classiques » du secondaire[1]. Mais elle a gagné aussi les rénovateurs pédagogiques, qui ont cru pouvoir bannir de leurs constructions l'effort et l'exercice pour prôner un savoir sans peine, irrigué de la ferveur de la vie. Le savoir scolaire s'est vu ainsi, de deux façons, catalogué du côté du morne et du mort : cette dévalorisation est redoutable, et fallacieuse, car elle garde un

1. L'expression est empruntée à Philippe Roqueplo, *Le partage du savoir*, Seuil, 1973.

trésor plus qu'elle ne dit un rapport au savoir, et considère que l'effort est toujours la difficulté humiliante de l'autre.

A rebours de ces deux points de vue, il nous faut réhabiliter l'exercice, car il n'est de vrai savoir qu'exercé. Cela veut dire traquer l'implicite, le tour de main, le savoir-faire qu'on obtiendrait par la grâce d'une imitation réussie. L'école ne peut se satisfaire de ces mystères : son objet est de mettre à jour et d'exercer les procédures dans lesquelles se délivre le savoir. Cela est possible parce que celui-ci est une élaboration : le terme désigne à la fois une activité et son résultat, que l'on considère comme « acquis » (au double sens de « vérifié » et de « su »), lorsqu'on est capable de parcourir sans obscurité le cheminement des procédures.

Si le terme évoque plusieurs dimensions (une dimension informative, une dimension de « savoir-faire »), le savoir que vise l'école est un savoir conceptuel et réfléchi. Dans ce dernier sens, il suppose à la fois la connaissance de sa pertinence « pratique » et de ses implications théoriques, le souci d'une problématique et d'un sens, c'est-à-dire une mise en relation avec ce qui était su auparavant, ou par ailleurs. Mais il s'accompagne en outre de la connaissance de ses critères de validité, de la capacité à les contrôler, et donc de la possibilité de la confrontation avec le savoir de l'autre. En ce dernier sens, comme Alain a pu le dire, « savoir, c'est savoir qu'on sait ».

Représentations du savoir

On a souvent fait remarquer, à juste titre, que les enfants d'aujourd'hui ont d'autres sortes de savoir que l'école, et d'abord la télévision. Or pour les médias, toute information est savoir et tout savoir, information. Plongeant les spectateurs au « cœur de l'actualité », ils leur font subir le vertige d'une image du réel, qui fascine à bon compte dans une mise à distance quelque peu perverse[2]. L'information médiatisée ne fournit pas par elle-même les conditions de son évaluation. Pour en juger il faut disposer d'un point de vue, pour la critiquer même, il faut un savoir qui s'est constitué autrement. Or l'information de masse rend difficile la tâche de l'école : dans ses « communiqués » et ses images elle ne donne pas l'idée qu'il y a quelque chose à comprendre et à apprendre : tout est dit, et puisqu'on a le « film des événements », on croit avoir saisi.

A l'école, c'est le contraire. Elle pose une distance, une épaisseur entre la compréhension et la chose à comprendre. Le malentendu peut s'y produire, par exemple lorsqu'un professeur ne comprend pas que les élèves n'ont pas encore compris qu'il y avait quelque chose à comprendre. D'où la nécessité de trouver des situations et des présentations à partir desquelles ils puissent entendre dans son propos autre chose qu'une suite d'informations.

Si les savoirs ne sont pas des spots, des clips ou des flashes, ils ne sont pas non plus des paquets ou des

2. BAUDRILLARD (J.), *La société de consommation*, rééd. coll. Folio-Essais, 1986.

valises. Sous ces termes, non seulement on « chosifie » le savoir, mais on le présente comme découpable en « morceaux », indépendants les uns des autres, qu'on peut « faire passer » sous des « conditionnements » divers, étrangers, eux aussi, au contenu. La seule relation au savoir que l'on imagine alors est celle de la possession ou de la dépossession. On le croit propriété de quelques-uns, entassé quelque part ou capable d'existence séparée. Or, le savoir ainsi « déposé » est un savoir mort. Il n'existe jamais que sous la forme que lui donne tel ou tel, il « vit » par les esprits qui se construisent en le reconstruisant, et les livres, même les encyclopédies, ne s'éveillent que d'être lus. Tout se passe comme si on avait perdu le goût d'un savoir qui est d'abord saveur. Ceux qui « savent » ne sont pas tant propriétaires que s'exerçant sans cesse à un dépouillement, qui fait d'eux des danseurs plutôt que des portefaix... Les mots nous trompent : voilà qu'on nous parle « d'inculquer », « d'apporter », de « s'approprier », de « détenir » du savoir ! Peut-être même transmettre et transposer sont-ils aussi inexacts, si l'on y sous-entend là une simple « livraison » de « contenu », empaqueté selon les âges, sans que soit considérée l'activité d'objectivation du savoir, et la relation des sujets « connaissants » qu'elle implique. Or, le savoir n'est « objectif », comme le montre Bachelard, qu'au terme d'un mouvement et d'un exercice méthodique d'objectivation.

Il faut se défier de la pétrification qui résulte de l'usage du mot « savoir » comme substantif : c'est d'abord un verbe. Il est moins une chose dans l'espace qu'une activité dans le temps. Mais il faut encore se garder d'une représentation plus insidieuse encore, car elle prétend renouer avec la critique ressassée depuis longtemps des têtes bien pleines, qui ne sont pas nécessairement bien faites : il ne faudrait pas tant un bagage qu'une bonne méthode.

Ils sont nombreux (et tous en désaccord) ceux qui prétendent avoir trouvé *la* bonne méthode. La plupart se sont facilité la tâche, en recourant aux modèles théoriques de la communication ou même des sciences cognitives, qui se donnent pour but d'élaborer les syntaxes du traitement de l'information, pour décrypter les mécanismes du savoir : à ce compte on peut aisément faire abstraction des « contenus ».

Les idéologies ne manquent pas, qui travestissent leur simplisme ou leur perversité sous les prétentions d'une rationalité jamais entrevue auparavant, et énoncent pompeusement qu'elles vont enfin nous « apprendre à apprendre », hors de tout contenu. Dans cette frénésie à laquelle sont particulièrement exposés certains spécialistes des sciences de l'éducation, on a même pu songer à créer une « agrégation de méthodologie[3] ».

Cette exigence de la méthode n'est pas neuve, et elle a été autrement illustrée ! Il n'est que de rappeler l'éclat avec lequel Descartes a invoqué ce thème, trouvant à magnifier la méthode par l'anamnèse amère de ses propres apprentissages. L'héritage cartésien a profondément marqué l'école française. Le XVIIIe siècle débat d'analyse et de synthèse, des rapports entre méthode d'exposition et méthode « d'invention » (si l'on peut dire) dans les sciences, et du rapport de celles-ci avec

3. PERETTI (A. de), *La formation des personnels de l'Éducation nationale*, Documentation française, 1982.

les méthodes inspirées par les capacités des enfants. Il suffit de consulter l'article « Méthode » de l'*Encyclopédie* de d'Alembert et Diderot, ou de fréquenter un peu les débats de l'École normale de l'an III : tout le monde y parlait de méthode. La norme devait être une méthode rationnelle. L'on croyait s'entendre or, sous le même mot, trois points de vue se confondaient au point de susciter une question d'importance, celle de savoir jusqu'à quel point l'art d'enseigner une science est séparable de l'enseignement immédiat de cette science elle-même[4].

Dans le développement des sciences mêmes, les plus savants vont jusqu'à dire qu'il faut inventer, pour chaque question, la méthode qui lui est appropriée. Dans leur enseignement on apprend à se familiariser avec des méthodes mais toujours sur des contenus. Si méthode il y a, elle est toujours propre à une discipline, sinon à une de ses régions : l'étude des fonctions, la critique de document, l'analyse d'une carte. Il est même des objets sur lesquels plusieurs méthodes doivent être confrontées. Dans l'enseignement élémentaire de ces savoirs (qui n'est donc pas encore leur enseignement spécialisé), on se préoccupe de les rendre accessibles et leurs méthodes avec. Les « didactiques » se préoccupent justement des voies par lesquelles on rend enseignable un savoir, c'est-à-dire comment on le transforme en discipline scolaire, en traduisant ses méthodes. On peut voir que l'idée d'une didactique générale n'a pas plus

4. CORNU (L.), « Le droit de s'instruire et l'urgence d'instruire », Communication au colloque *La Rochelle, Ville frontière*, sous la présidence de M. Vovelle ; La Rochelle, Rumeur des âges, éd. 1989. Sur l'École normale de l'an III, *cf. supra* pp. 186 et ss.

de sens que celle d'une méthode générale. Chaque didactique trouve sa ressource dans le savoir d'origine. Il faut donc aller plus loin, et veiller à ce que les recherches en didactique ne soient pas de simples travaux de « transposition », comme on dit : il ne s'agit pas de donner l'équivalent plus simple d'un « concept », mais d'exercer l'activité de conceptualisation, laquelle ne sépare pas contenus et démarches.

Le rôle de la pédagogie est de mettre en évidence sur le mode explicite ce qui reste implicite dans toute mise en œuvre, y compris intellectuelle. Telle est sa contribution spécifique à la lutte contre les inégalités de savoir, faute de quoi elle favorise ceux des enfants qui savent déjà, plus ou moins implicitement, qui sont déjà « familiers » des savoirs en question. Ce qui fait obstacle pour les autres c'est ce que les enseignants laissent eux-mêmes dans le non-dit ou le non-mis à jour, par manque de prise de conscience de la complexité (ou de l'ambiguïté) de ce qu'ils disent ou font eux-mêmes. Il ne s'agit pas de s'interdire de proposer des tâches difficiles. Il faut seulement que leur difficulté puisse être identifiée.

Arts de faire

Toutefois le discours de la méthode risque toujours de masquer les manières et les arts de faire qui sont à l'œuvre dans l'élaboration du savoir. Ce qu'on appelle méthode est bien souvent de l'ordre de la reconstruction rétrospective. Retour sur son chemin, sur le travail déjà avancé, que l'on organise après coup. Or savoir, c'est aussi « savoir s'y prendre » devant un problème neuf ou une question vive. Certes il faut apprendre à s'organiser. Mais on sait aussi que l'idée de la solution peut venir par des voies inopinées : soudain « je sais ! »... D'où vient l'idée devant une figure de géométrie ? Qui n'a connu de ces forts en langues qui se révèlent de piètres traducteurs ?

Si ce genre de découverte ne procède pas toujours d'une voie prévisible et tracée, cela n'invalide en rien l'usage de méthodes. D'abord elles permettent d'aller vite et d'écarter d'entrée un ensemble d'errements : on ne va pas tout réinventer à chaque fois. Ensuite, elles seules permettent de contrôler qu'on n'a pas fait d'erreur, ou d'en limiter les effets : relire, recompter, récapituler, etc. Elles sont alors de l'ordre de la reprise, et de la mise en forme, de la vérification. Il n'en reste pas moins que nombre d'exemples montrent que la « mobilisation » de ce que l'on sait se fait le plus souvent par des « procédures », dont on n'a pas conscience : habitudes, « tours de main », « bricolage », transpositions d'une autre discipline, elles ont une marque personnelle et non aperçue. Elles n'en sont pas pour autant hasardeuses ou liées à on ne sait quel don : bosse des maths ou éclair de génie. Car s'il n'y a pas de mode d'emploi pour le trait de génie, il y a certainement des conditions dans lesquelles il ne se produira jamais : celles justement où l'on n'a jamais été familiarisé avec méthodes et procédures. Dans le soudain déclic du « je sais » se cache, pour une part, le souvenir non identifié comme tel, c'est-à-dire l'habitude ou la conclusion d'un raisonnement qui passe en accéléré. Ou encore le rapprochement de deux savoirs enfouis : on en revient par là à cette culture inaperçue, à ce qui reste quand on a oublié. Cette « seconde nature » résulte de pratiques dont l'école doit se préoccuper.

De ces procédures intériorisées qui finissent par devenir une seconde nature, on peut dire qu'elles sont de l'ordre d'un style. Comme lui, elles peuvent comprendre une rigueur, une part de « technique », mais elles sont un tour particulier donné à leur usage. Un style est propre à un individu : jusque dans le savoir, il y aurait quelque chose de l'ordre de l'art. Au-delà de la confrontation rationnelle, on peut d'ailleurs être sensible au style d'une pensée scientifique[5]. On peut apprendre auprès de quelqu'un sa manière, qui se transmet par imitation et non par analyse rationnelle. Par où ces procédures sont autre chose que la seule méthode qui se transmet dans une explication : elles ont quelque part secrète, qui n'arrive même pas à la conscience de celui qui en « use ».

De ces « savoir-faire » appris par imitation ou par tâtonnement, on a pris la mesure récemment : ils défient la sagacité des « ingénieurs cogniticiens », qui ont toutes les peines du monde à les programmer dans les systèmes experts[6].

Le tact et la patience

Il s'agit ici d'« arts de faire », qui exigent une lente appropriation. Laborieusement inscrits en chaque sujet,

5. Cf. GRANGER (G.-G.), *Essai d'une philosophie du style*, rééd., O. Jacob, 1988.

6. Cf. DELBOS (G.) et JORION (P.), « Le robot pensant », *Le temps de la réflexion*, 1985.

ils constituent un noyau dur qui, s'il rend possible l'acquisition de connaissances, ne se laisse pas aisément transformer, et oppose une sourde résistance aux expériences et aux savoirs nouveaux qui risqueraient de le bouleverser. Au cœur de l'individu, ces attitudes fondamentales qui manquent à l'intelligence artificielle sont les marques d'une longue imprégnation, d'une préhistoire et d'une histoire personnelles. Elles relèvent plus du croire et des habitudes que du savoir et c'est à partir d'elles que chacun négocie son désir d'apprendre comme son refus de savoir. Ce qu'il y a de plus obscur dans l'ignorance et qui rend parfois l'échec pédagogique si irréductible renvoie à cette ambivalence qui marque les procédures intellectuelles les plus élémentaires.

L'un des problèmes majeurs qui se posent à l'école tient à la transmission de ces « arts de faire ». Le fameux débat sur l'apprentissage de la lecture relève ainsi de cette difficulté : ce n'est pas tant une question de « méthode », que l'on dira syllabique, globale, semi-globale. Il y a quelques mauvaises méthodes. Mais en dehors de celles-là, on sait bien qu'en fait toutes les méthodes ne sont que les auxiliaires d'une variable essentielle : le désir de lire, lequel peut surgir (ou ne pas surgir) à tout propos. Les grands récits autodidactes d'apprentissage de la lecture ont mis ce point en évidence : apprendre à lire, c'est d'abord tisser un rapport magique à un livre, à un texte, à une histoire. Les enseignants de cours préparatoire aussi le savent bien, qui constatent qu'un tel apprentissage tient surtout à un mystérieux « déclic », le point où un apprentissage tâtonnant se transforme en révélation. Faut-il en conclure à l'inanité de toute réflexion pédagogique sur la lecture ? Bien évidemment non. Mais simplement, il faut savoir qu'elle doit prendre en charge ce rapport au lire, tissé d'images symboliques et de rêveries enfantines. Elle en concevra aussi une plus grande attention aux textes et livres proposés, au-delà des méthodes et des exercices. Elle en décidera une plus grande patience avec les uns, une habileté à saisir l'occasion où d'autres se montrent disposés à l'effort d'apprendre. Bref, à la méthode, elle ajoutera le tact et, évitant de prendre à contrepied l'imaginaire du lire, elle préservera les chances d'une rencontre réussie. Contrairement à ce qu'avancent de bons esprits, l'école n'a pas à « apprendre le plaisir de lire » — savent-ils seulement comment le plaisir s'apprend ? Il suffit qu'elle en offre la possibilité. La tâche est déjà assez complexe d'enseigner la lecture sans en faire perdre le goût.

L'enfant chercheur

En parallèle à cette méprise sur la méthode universelle, s'est développée l'idée que le savoir, dès l'enfance, a pour fin et pour unique modèle le savoir scientifique. A la suite de Piaget, on postule une structuration progressive de l'esprit enfantin en stades miraculeusement ordonnés aux catégories de la pensée scientifique. Il y aurait une continuité des balbutiements du savoir à son exercice savant. La version la plus prisée de cette imagerie est celle, fort ambiguë et démagogique, de « l'enfant chercheur ». On construit la fiction que les êtres neufs pourraient finalement « trouver » dans leur développement « naturel » ce qu'ils ont à apprendre :

c'est sans doute négliger que ce dernier n'est en rien du seul ressort d'une « nature ». De l'autre côté, au mépris de son histoire et de ses ruptures, le savoir est présenté comme création naturellement progressive de l'esprit solitaire, maturation *ex nihilo*, effet d'une évolution qui en fait le prolongement sans histoire de l'adaptation du vivant. Le maître-mot de la démarche pédagogique est alors le « tâtonnement expérimental ». Mais on ne dit pas comment les enfants arriveront sûrement, à la suite d'essais et d'erreurs répétés, aux règles de la grammaire ou aux lois de la gravitation. On semble croire que pour comprendre quelque chose au mouvement des planètes, ils mettront tout seuls moins de temps que l'humanité qui a attendu Newton. Alors, à partir de fausses expériences pleines de suggestions implicites, les enfants sont perdus ou inventent n'importe quoi. C'est là un surprenant contresens sur le temps, celui de l'histoire des savoirs comme celui de l'enfance. En réalité, ces présupposés spontanéistes négligent toute l'imprégnation qui agit sur les enfants (entre autres celle qui leur fait « spontanément », « librement », dessiner des héros de dessins animés japonais).

Si l'école ne peut jouer la seule carte de l'imprégnation ce n'est pas que celle-ci soit inefficace, bien au contraire. Mais inaperçue, elle se prête à toutes les manipulations, et elle n'engage aucune activité de prise de conscience et donc de maîtrise volontaire. Or, c'est cela que vise l'exercice du savoir. De plus et en dépit des stades invoqués, ce que néglige cette perspective, c'est une véritable théorie de l'apprentissage.

Lire, écrire, compter

Il doit bien y avoir une continuité d'esprit ou de qualité entre exercice savant et premiers pas des débutants. Ou plutôt, il en faut une qui exigerait par exemple que l'enfant apprenne à lire dans des *textes* (il existe de beaux textes pour les enfants), ou que trois notes de musique puissent être déjà « jouées », dans leur simplicité technique. Mais précisément pour cette *continuité d'esprit*, il y a une *hétérogénéité des exercices.* Si jouer un morceau, c'est en « oublier » et en faire oublier la difficulté technique, cela n'est possible que si on l'a inlassablement et de manières diverses et successives, travaillé, et ce dans sa « tonalité ».

Soit l'exemple de la lecture. Si, comme l'affirment les psycholinguistes et certains pédagogues, lire c'est « anticiper » (mais donnent-ils le même sens à la formule ?), l'aisance et la pertinence des anticipations ne se développent pas dans la devinette rapide. Et la question n'est pas d'opposer les éléments fastidieux de la « technique » de lire au sens, « libre » et quasi ineffable (d'où le thème du plaisir), ni de faire précéder l'un par l'autre, ni même de faire « va-et-vient » entre sens et mots. Précisément le sens se donne *dans des signes*, et ce sont eux qu'il s'agit d'observer pertinemment pour les comprendre. Il faut apprendre à remarquer les traits, de plus en plus complexes dans des textes judicieusement ordonnés, par lesquels les signes présentent, délivrent le sens. La progression se fait dans des registres successifs de subtilité : sans changer de problématique, mais tout en changeant d'objet et de « niveau de difficulté ».

Les savoirs scolaires sont d'abord des savoirs élémentaires. Certes, l'école vise l'acquisition par les élèves de savoirs conceptuels, scientifiques mais il y a des apprentissages qui, sans être assimilables à ce que fait le savant, n'en sont pas moins déterminants pour conduire à la conceptualisation. Tel est le cas de l'écriture. « Il n'y a dans le langage écrit, fait remarquer Vygotski, ni situation claire à l'avance pour les deux interlocuteurs, ni aucune possibilité d'intonation expressive, de mimiques et de gestes… la compréhension s'établit au moyen des mots et de leurs combinaisons[7]. » Écrire implique alors deux dimensions. Une activité d'*abstraction* : il faut faire comprendre quelque chose sans avoir recours à la mimique, à la complicité, au coup d'œil « entendu », il faut donc l'abstraire de ces recours implicites, et c'est une des grandes difficultés que rencontrent les enfants. Il faut ensuite restituer sous forme explicite, dans la formulation, les conditions de la compréhension que le contexte oral dispense de préciser. On y travaille, on rature : il y a là un mouvement de *réflexion*, de retour sur le langage oral. La situation d'écriture exige de prêter attention aux signes (d'où l'importance du brouillon, premier lieu d'exercice de la réflexion). Du coup « le langage écrit contraint l'enfant à une activité plus intellectuelle », mais aussi volontaire : « il le contraint à prendre conscience du processus même de la parole ». Or cette prise de conscience est la condition d'une maîtrise volontaire. Ainsi, « la grammaire aussi bien que l'écriture donnent à

7. Vygotski, psychologue soviétique mort en 1934, tardivement traduit et découvert en France. Cf. *Pensée et langage*, Éditions sociales, 1985.

l'enfant la possibilité d'accéder à un niveau supérieur dans le développement de son langage ». L'apprentissage (progressif et pertinent) de l'écriture est formateur par lui-même, parce qu'il implique l'abstraction, même s'il anticipe sur le « développement de fonctions psychiques fondamentales ». Vouloir que les enfants soient des savants sans prendre le temps de les faire entrer, sans hâte ni retard non plus, dans des apprentissages fondamentaux, c'est oublier que les savoirs reposent sur ces savoirs-faire là. C'est d'autre par les priver d'un exercice de l'abstraction qui prépare à l'activité de conceptualisation.

Lire, écrire, compter… Il ne faudrait pas que le poids pris par l'enseignement des mathématiques, la dramatisation des débats autour de l'apprentissage de la lecture fassent oublier l'importance du second terme. C'est d'ailleurs avec l'enseignement simultané de l'écriture et de la lecture que s'est inventée l'école moderne, et depuis lors, si l'école est formatrice c'est, en premier lieu, parce qu'on y apprend à former ses lettres. D'une façon générale, il faut voir dans l'exercice, même élémentaire, autre chose qu'un moyen étranger à la maîtrise qu'il vise. Dans l'exercice même se goûte une finesse, un sens, et dans le modèle « réduit » de sa difficulté, s'acquiert une maîtrise. A condition que l'exercice ne soit pas un simple découpage atomistique en unités dénuées de sens, mais soit conçu lui-même comme un tout à la complexité maîtrisable, en rapport avec le sens de la discipline. A condition que, lorsqu'on apprend les opérations, on fasse déjà des mathématiques, que le problème soit déjà authentiquement mathématique, même si l'on n'en parcourt pas toute la complexité. A condition donc que l'on ne croie pas déjà y maîtriser la notion de nombre ! Qu'au moins, simplement, le vocabulaire soit juste : il est très important par exemple que l'on apprenne aux enfants à dire qu'il y a « autant » d'objets, dans deux ensembles que l'on compare, et non pas « que c'est pareil ». « Autant » signifie que l'on compare des quantités, et prépare à compter, ce que n'indique aucunement « pareil ». Ce que nous indique de façon inattendue l'exemple des mathématiques, c'est à quel point la précision du langage est un préalable capital pour la compréhension même des problèmes. On remarque souvent que les enfants qui ont du mal à calculer et à comprendre les fractions, sont ceux pour qui les expressions courantes « un tiers », ou « un quart » n'ont pas de signification claire. C'est pourquoi, aussi, il y a des problèmes qu'on ne peut comprendre qu'après d'autres. Pour comprendre l'axiomatisation de l'arithmétique, il faut savoir compter. Pour comprendre la raison d'être des bases, il faut peut-être maîtriser la plus usuelle, la base dix... Autrement dit, le savoir n'est pas seulement contenu ou dépôt, mais il n'est pas non plus pure conscience réflexive. Il se développe ou se dégage à partir de savoirs antérieurement sédimentés, de pratiques parfois confuses, de connaissances mal cernées, mais effectives. Apprendre, c'est donc moins s'engager dans un territoire tout à fait inconnu, que se retourner sur ses pas, et découvrir la configuration du paysage traversé. Apprendre, c'est moins découvrir que confirmer, selon l'intuition de Merleau-Ponty : « Savoir, c'est bien, comme on l'a dit, savoir qu'on sait, non que cette seconde puissance du savoir fonde le savoir lui-même, mais au contraire parce qu'il la fonde[8]. » L'école et les pédagogues ont trop tendance à voir l'enfant comme une cire vierge, que le savoir adulte viendrait « informer ». C'est oublier qu'il s'agit là d'un fantasme démiurgique, et que l'enfant se développe à partir d'un sol préalable d'expériences et de connaissances, au premier rang desquelles figurent ce qu'on appelle les « apprentissages fondamentaux » : lire, écrire, compter.

Développement des concepts

Des premiers apprentissages, mixtes de pratique et de pensée, l'école s'élève aux disciplines. Celles-ci articulent un savoir conceptuel, qui est mise en relation, structuration, ordonnancement d'un champ de connaissances, réorganisation d'un paysage précédent : un concept n'est pas isolé, un concept en implique d'autres. L'apport de savoir n'est pas de type cumulatif : on ne fait pas qu'ajouter des éléments. Il est organisation, qui est toujours réorganisation qualitative d'un ensemble : la complexification n'est pas l'extension d'une « somme de connaissances ». D'autre part, un concept se dégage par exercices de vues antérieures et le plus souvent il se forme par ruptures. La conceptualisation est un itinéraire de l'esprit au cours duquel l'esprit lui-même se forme en formant les concepts. On n'apprend pas d'un seul coup un concept : le temps de la réflexion, de la

8. MERLEAU-PONTY (M.), *Phénoménologie de la perception*, Gallimard, 1971, p. 439.

confrontation, de l'essai, est nécessaire à sa formation, mais indispensables aussi des révolutions successives, des réorganisations de ce que l'on croyait savoir.

Le développement du savoir est donc un développement des concepts. Mais celui-ci n'a rien d'une construction « naturelle ». Là-dessus Vygotski critique justement Piaget. Sa grande idée, c'est que l'on ne doit pas se laisser guider, dans l'apprentissage, par un développement dont on suivrait les maturations et les stades. C'est l'apprentissage qui guide le développement. L'enfant doit la qualité de sa progression à la façon dont on lui apprend quelque chose, en se situant juste un peu « en avant » de ce dont il est actuellement capable. Il s'agit, d'une part, d'abstraire et de mettre en relation, de construire un concept. Il faut inventer des problématiques à la portée de celui qui apprend, qui donnent sens au concept qu'il s'agit de développer : un concept est toujours une réponse à un problème. Apprendre ou faire apprendre consiste à trouver des problématiques justes et accessibles. La définition du périmètre d'un polygone peut ainsi être précédée de la recherche de différentes façons de le calculer. Mais la question sera ensuite de formuler ce que tel ou tel a fait de façon compréhensible et non ambiguë. Car la conceptualisation est aussi l'entrée dans un réseau de significations : non seulement la saisie du problème est importante, mais sa saisie dans un mot soutient l'activité d'abstraction, sa mémoire, son élaboration et sa maîtrise. Il faut donc un travail sur le langage, une justesse dans les mots et dans leur usage, qui vont permettre à la pensée qui entreprend la conceptualisation de s'étayer, de s'essayer, et de dialoguer avec l'autre. Inversement, toute activité de langage peut exercer la pensée. Un exercice de vocabulaire (si l'on y est attentif) ne fait pas que proposer des listes à la mémoire : bien conduit, il implique une activité classificatoire.

L'intelligence des signes

Les élèves sont d'ailleurs tout à fait conscients de cette importance des mots, lorsqu'ils disent de quelque chose que « c'est du chinois »... Proudhon demandait qu'à l'école on entre au moins dans « l'intelligence des signes ». Il est clair que les enfants ne les comprennent pas tout de suite comme « nous », ces concepts. Avant d'entrer dans l'abstraction, les enfants agglomèrent dans un mot des « complexes » de signification[9]. Mais l'usage juste de ces signes (dans des situations qui leur « parlent »), même s'ils n'en mesurent pas d'emblée les subtilités, est ce qui permet l'élaboration de la pensée. Ainsi ce qu'on leur apprend est-il toujours, et heureusement en avance sur ce dont ils seraient capables tout seuls. Et c'est en entrant dans les disciplines que l'enfant acquiert la capacité de conceptualiser, par les sollicitations appropriées d'un enseignement qui doit précéder et guider le développement intellectuel. Mais du coup, ayant parcouru les cheminements de sa formation, l'esprit y a acquis lui-même des forces et des finesses. Il y a ainsi des apprentissages qui ne développent rien. Les ayant appris, on n'a pas « changé » : apprendre

9. VYGOTSKI (L.S.), *op. cit.*

à taper à la machine par exemple. Mais il en est d'autres desquels on sort l'esprit transformé parce que formé : apprendre à écrire. Et c'est de ceux-là que l'école s'occupe à bon droit.

« La caractéristique essentielle de la pensée, c'est qu'elle est une activité qui utilise des signes. » En suivant cette indication de Wittgenstein on peut recommencer à penser, contre les fausses représentations du savoir, le problème de la transmission. L'alternative entre transmettre ou construire le savoir est inepte. La question est bien plutôt de savoir comment les pratiques scolaires permettent d'accéder aux saveurs, aux procédures, aux signes et aux concepts[10].

L'exercice

S'il est vrai, comme on dit, que l'école doit être centrée sur l'élève, c'est tout simplement parce que l'activité de l'écolier, guidée par l'enseignement du maître, doit être en effet le souci majeur des pédagogues. Force est de constater cependant que le terme d'exercice est quelque peu tombé en désuétude dans leur vocabulaire. Dans la perspective tracée par Antoine Prost, attaché à promouvoir une problématique des études[11], il y a à concevoir une réhabilitation de l'exercice. Il faut revenir sur la critique menée au nom des méthodes actives contre

10. Cf. La contribution d'Anne-Marie Chartier au débat autour de *De l'école* de MILNER (J.-C.), *Le Débat*, n° 31, septembre 1984.
11. Cf. PROST (A.), *Éloge des pédagogues, op. cit.*

une pédagogie « traditionnelle » souvent trop vite identifiée avec le mécanisme et la routine (et ce, il y a déjà bien longtemps !) et sur la crise de confiance dans des méthodes qui « avaient fait leurs preuves ». Et d'abord ne pas confondre la critique avec le scepticisme — voire le mépris — dont sont l'objet les procédures pédagogiques et le faire-la-classe. La dépréciation de l'exercice tient avant tout à l'illusion d'un « faire » en grandeur réelle, qui serait plus authentique, plus en prise sur la « vie » que l'exercice. Or, une telle immersion dans le réel n'est aucunement formatrice : dans la clôture de l'école, seul l'exercice permet de soustraire celui qui apprend à la sanction impitoyable du réel. Un exercice, c'est conçu pour pouvoir être refait. Dans l'espace de l'école, doivent être suspendues les pressions du résultat socialement défini. D'autre part, dans le développement psychologique même, l'exercice a certains caractères du jeu (la répétition, la gratuité), dont la fonction est alors analogue, comme l'a montré Wallon : il importe de ménager ces possibilités (différentes par d'autres côtés) d'une activité répétable et un peu en marge du réel. Pour, progressivement, mieux le rejoindre ensuite.

Poser la question de l'exercice c'est chercher, derrière la variété des situations et des dénominations (activité, jeu, démarche, projet, etc.), ce que produit la rencontre d'un enseignement et d'un apprentissage. L'un et l'autre constituent des procédures finalisées par l'exercice du jugement : la maîtrise du maître est exercice du jugement rationnel ; l'apprentissage de l'élève est constitué d'essais, de tentatives qui visent à élever, à construire en lui le sujet rationnel. Dans un espace qui est marqué par l'autorité d'un savoir et le pouvoir d'une institution (en clair, par l'idée d'instruction obligatoire), l'élève est conduit à des pratiques qui vont des mouvements du corps à des opérations intellectuelles. Interroger ces exercices c'est chercher à en mesurer les effets : quelles maîtrises, quels « plis » et quels savoir-faire, quels goûts et quels dégoûts induisent-ils ? C'est seulement à ce niveau d'analyse qu'on peut distinguer les *critères* qui peuvent fonder un véritable « jugement pédagogique » des *normes* que produit à l'envi une certaine vulgate pédagogique.

Cet examen conjoint de la culture (des savoirs élus pour être scolairement travaillés) et des procédures (de transmission, d'exercice) doit permettre de sortir des illusions réformistes et de la pression de l'argument de l'urgence qui rendent, on le sait, les méthodes de plus en plus rapidement obsolètes. Il permet de comprendre pourquoi savoir et transmettre, comme enseigner et apprendre ont une « face » commune. Enseigner est faire apprendre, c'est-à-dire transmettre en cherchant à reconstruire avec l'autre les conditions de la transmissibilité.

Pour sortir des contradictions insurmontables que suscite une représentation chosifiée du savoir, il faut jouer, contre la métaphore de la culture-bagage, d'autres figures de l'exercice, celles de la musique, de la rhétorique ou de la dimension ludique de la relation au savoir. Savoir, « transmettre » et « construire » le savoir, peuvent être présentés comme l'interprétation d'une musique, ou d'un texte dont la qualité exige à la fois une bonne partition mais aussi un interprète à l'art accompli. Le rôle du pédagogue est en un sens un rôle d'interprète et de traducteur. Une partition ou un texte ne sont pas nécessairement une insupportable contrainte imposée à la « liberté » de l'exécutant. Ils peuvent aussi constituer une invitation au tact et au talent. Ce rôle spécifique (et la création a besoin d'être servie par des interprètes), exige des qualités étranges qui précisément n'arrêtent pas le temps : une fidélité à la partition et à la langue d'origine, mais un renouvellement sans conformisme. Une fréquentation inquiète des ressources inépuisées des signes, et leur accomplissement dans le moment de l'exécution. Une technique pour libérer des soucis techniques, une invention au service du texte, une vigilance et une présence. Mais le pédagogue est aussi un artisan d'exercices.

On sait d'ailleurs quelles rhétoriques sous-tendent l'apologie de l'innovation pédagogique et le rapide remplacement des pédagogies les unes par les autres. L'argument de l'urgence invoqué pour convertir aux « bonnes » méthodes (en général qualifiées de « modernes ») joue sur ces deux formules : « le temps presse » ; « il faut que ça change ». On pourrait presque lui opposer cette thèse : jusqu'à présent les pédagogues se sont efforcés de transformer l'école ; il importe à présent de l'interpréter. Le bon sens réclame une pédagogie qui connaisse ses limites et s'efforce au maximum de lucidité réflexive. Le savoir pour se développer suppose que soit présente l'idée qu'il y a quelque chose à comprendre, et le désir de comprendre. Pour cela il faut une culture. C'est pourquoi les savoirs doivent être appelés, précédés et accompagnés d'une démarche qui les relate et les problématise. Elle est de l'ordre du récit et de la poésie, d'une mémoire problématique qui ouvre une perspective sur le monde commun.

6

SAVOIR ET SENS COMMUN

Penser c'est juger. C'est-à-dire affirmer, nier, apprécier et décider, trancher, dans un sens ou dans un autre. Mais tous les jugements ne sont pas de l'ordre des mathématiques (où l'on dispose d'un critère de vérité de nature logique et démonstrative comme dans la proposition « 2 + 2 = 4 »), ou des jugements de fait (comme lorsqu'il s'agit de faits historiques attestés du type « les chambres à gaz ont existé »). Ce qui établit leur vérité objective est le caractère vérifiable des affirmations ou les modes de la preuve. Or, la plupart du temps nous n'avons pas de tels critères. Les plus fréquents de nos jugements (ça me plaît, c'est pas juste, je ne crois pas) sont hors preuves, et ils demandent autre chose : une capacité de discrimination qu'on appelle justement « jugement ». On dit que le goût est affaire de jugement, qu'il faut « du jugement » dans l'action. Là, aucune vérité ne s'impose, et pourtant il faut bien prendre une décision. L'information, même la plus exhaustive sur une situation, ne suffit pas à fournir des critères de décision. A plus forte raison une information parcellaire, quand le temps presse. Alors il faut trancher, privilégier une option contre d'autres : il faut du discernement.

Comment juger, lorsqu'on ne veut plus ou qu'on ne peut plus suivre la tradition, l'autorité des anciens, la coutume ou la rumeur ? Comment juger en étant libre sans que le jugement soit arbitraire ? Le mieux serait d'avoir des critères (et certaines professions en ont qui ont su développer des arts de la pratique, comme la médecine, la navigation, la jurisprudence...). Mais dans la vie courante on décide et on tranche selon les habitudes, ou « au jugé », comme on dit. Tout se passe comme si le jugement ne pouvait alors rendre compte de lui-même. Il se fonde sur un *je ne sais quoi*, dont Wladimir Jankélévitch avait d'ailleurs su faire l'éloge en le tirant du mépris dans lequel des procédures plus rationnelles l'avaient enfoui. Mais ce sentiment intérieur, cette conviction intime, qu'est-ce qui les garantit ?

Juger sans critères

Cette situation n'est pas neuve. On a rarement pu disposer d'une science, ou même d'un savoir, pour les occasions ordinaires de la vie, et même Descartes, qui espérait pouvoir déduire de la connaissance de l'homme une morale scientifique, a dû se résigner, faute de mieux, à une morale « par provision ». Mais que dit-il alors ? Que dans cette incertitude, il faut suivre la coutume de son pays la mieux établie. Et tous ceux qui, comme lui, rêveront d'une morale scientifique sans parvenir à l'obtenir diront de même.

Or que se passe-t-il quand la coutume elle-même est

silencieuse, que la situation soit inédite, ou parce que, comme c'est le plus souvent le cas pour nous, il n'est plus guère de coutumes sur lesquelles faire fonds ? A la coutume, les modernes ont cherché, et trouvé, des formules de substitution. Celles-ci se sont appelées sens de l'histoire, progrès, évolution de l'humanité : autant de noms pour une pensée de l'émancipation, sensée combler ce manque, et fournir des points de repères analogues à ceux que pouvaient fournir les anciennes croyances religieuses. Si ce n'était pas une vérité scientifique qui les garantissait, du moins on était sûr d'aller ainsi dans le bon sens. Après tout, avoir la caution d'un mouvement historique n'est pas rien.

Las ! Nous vivons « la fin des grands récits d'émancipation », pour reprendre l'expression de Jean-François Lyotard, et la question « comment juger ? » se pose derechef[1]. En effet, les espoirs mis dans les différentes philosophies de l'histoire n'ont pas été couronnés de succès, c'est le moins que l'on puisse dire. En fait de critères, ils fournirent plus souvent ceux de l'aveuglement et de la mauvaise foi que ceux du jugement droit. Échaudé, l'individu moderne sait ne plus pouvoir fonder son jugement : quoi d'étonnant s'il erre entre cynisme et démission, entre arbitraire et conformisme ? Un jour, jaloux de son autonomie, il affirme une chose, pour aussitôt se rétracter s'il sent une trop forte désapprobation sociale peser sur lui, ou au contraire revendiquer crânement, sous le nom de différence, ce qui n'est qu'obstination. Dorénavant, un relativisme de coexis-

1. LYOTARD (J.-F.) et THÉBAUD (J.-L.), *Au juste,* Christian Bourgois, 1979.

tence s'est installé : c'est le triomphe du « chacun sa vérité » pirandellien, mâtiné d'indifférence. On ne juge plus, on opine, au gré des humeurs. Les sondages nous y poussent qui se chargent de faire le tri, et qui tendent à ériger en opinions réfléchies les impulsions majoritaires[2]. Les enseignants connaissent bien, à leur grand dam, cette tolérance indifférente, qui commence par les laisser dégoiser en paix en faisant mine de penser : « cause toujours ! ». Il faut dire aussi que le jugement professoral, là où il trouve à s'exercer, c'est-à-dire en ce qui concerne le destin des élèves, dans les conseils de classe par exemple, ne brille pas non plus par son inspiration. Ici, la plupart du temps, ce n'est pas un jugement, c'est une routine. Peu importe qui a commencé, des élèves qui s'ennuient ou des profs qui s'en détournent, le fait est là, qui ronge la confiance entre les deux principaux partis de la communauté scolaire.

Il est donc urgent de retrouver une capacité de jugement, en tout cas à l'école. Par commodité, on y applique trop souvent des normes, des grilles d'évaluation toutes faites, qui sont ressenties comme injustes par celui qu'elles rejettent hors de leur conformité. S'étonne-t-on de la passivité des élèves ? Mais c'est que, faute de savoir juger, on en a oublié de se demander comment leur apprendre à juger. Si les enseignants doivent exercer le jugement propre à leur métier, c'est qu'une de leurs missions est précisément d'éveiller ce jugement. C'est ici que l'absence de critères

---

2. PACHET (P.), « La justice et le conflit des opinions », in *Passé Présent*, n° 2, 1983.

se fait cruellement sentir : comment en fournir, quand on n'en dispose pas ? On n'a sans doute pas assez remarqué que l'enseignement exigeait un minimum de dogmatisme : ne peut s'enseigner que ce qui est certain, ou du moins ce dont on a la conviction. Le doute est sans conteste une attitude intellectuelle nécessaire : il ne prête pas à la pédagogie, qui doit décider.

Le sens commun

Or, est-on sûr de n'avoir aucun critère ? Nos jugements se présentent toujours comme valides, du moins à nos yeux. Nos arguments ne sont peut-être pas de la meilleure qualité, il arrive même que dans une discussion nous ayons le dessous. D'où nous vient alors cette étrange sensation d'avoir raison, malgré tout ? De savoir que même mal exprimées, nos intuitions sont plus valides que le meilleur raisonnement ? Est-ce seulement de l'obstination ? Même si l'on fait « cavalier seul », on espère toujours secrètement être compris de quelques *happy few*. Le jugement s'éprouve comme une affaire de sens, parfois fragile, vacillant. On sait qu'il peut déraper, par excès (de sentiment), ou par défaut (de cœur), on sait qu'on peut « perdre la tête », perdre le « sens de la mesure ». Et pourtant, cette fois-ci, je sais d'une conviction intime et absolue que j'ai raison, sans toutefois pouvoir dire pourquoi.

C'est que, dans cette affaire où je crois bien être seul, l'autre est toujours implicitement présent, un autre dont j'ai plus ou moins consciemment posé qu'il partagerait ou discuterait mes jugements : le proche ou l'ami, ou l'adversaire avec qui je peux en débattre. Cet *alter ego* est aussi bien moi-même dans dix jours ou dix ans : vais-je me rétracter après avoir fait cette folie d'acheter à crédit ? Vais-je me renier, ou être frappé d'amnésie, après m'être mal engagé, étourdiment, par indifférence, ou par lâcheté ? Puis-je « vouloir mille fois ce que j'ai voulu une fois » ? Paradoxalement, ce jugement où je croyais être seul est ce qui me met en relation avec les autres, en relation d'appréciation : là où je juge, je serai jugé, et d'abord par moi-même. Autrement dit, mes jugements me font responsable : les autres attendent que j'en réponde. Or précisément, ce jugement me met aussi en situation de discussion : « Je vais aller lui parler » décide-t-on pour essayer de ramener quelqu'un « à la raison ». Paradoxalement, ce jugement que je croyais affaire de sentiment privé, voilà qu'il appelle un partage (même s'il y a désaccord), une parole. Cela est même vrai dans le registre du jugement esthétique. Comme le fait remarquer Hannah Arendt, il est faux que des goûts et des couleurs on ne discute pas : on a constamment envie d'en parler[3].

Voilà que le jugement me plonge dans une communauté humaine où, banal ou singulier, il semble appeler la parole, l'accord ou la discussion, comme si ils avaient déjà été présents en lui-même. Le raisonnable et le sensible appellent comme malgré nous une sorte de mise en commun. Le jugement me plonge dans un monde commun, de sensations, de valeurs partagées, de culture. Il en appelle à un *sens commun*. Cette communauté de sens peut être étroite, figée, repliée. Elle peut être

---

3. ARENDT (H.), *La vie de l'esprit*, tome 2, *le vouloir*, PUF, 1983.

ouverte aux audaces ou aux inventions qui frayent de nouveaux horizons, ou de nouveaux sentiers dans son espace. Mais, dans tous les cas, juger c'est se référer de diverses manières à un « sens commun », qui définit pour un groupe humain les marges du sensible et du raisonnable. C'est aussi pourquoi le langage rapproche jugement et sens commun, au point souvent de les assimiler l'un à l'autre.

Mais comment devient-on « sensible » à cet espace commun, et comment y acquiert-on du jugement ? Jadis, « l'amour de la République » était sensé y pourvoir. Mais là encore, c'était l'un de ces « grands récits » dont il a fallu se défaire. Il n'y a plus de croyance commune suffisamment forte au progrès ou à la patrie pour pouvoir nourrir cette idée. C'est à des espaces possibles de liberté partagée qu'il faut rendre les nouveaux-venus sensibles. C'est à un sens de ce qui est commun, mais qui respecte les singularités, qu'il faut les introduire. Cela consiste à faire entrer les nouvelles générations dans un sens partagé, qu'elles continueront à inventer. L'exercice du savoir contribue à les préparer dans l'habitude de vérifier, de confronter, par la formation de l'esprit logique et critique, mais il ne suffit pas à le former. Dans la démocratie, les affaires communes sont l'objet de *délibération* et non pas de science. C'est donc l'exercice des capacités à délibérer qu'il faut développer, l'exercice de la parole et de l'argumentation : elles impliquent cette capacité de juger par soi-même.

A cela, il faut une disposition d'esprit préalable : celle qui émet l'hypothèse que l'autre peut comprendre (même si c'est au bout d'un certain temps, et par des chemins difficiles). Si l'on ne pose pas cette hypothèse de la possibilité d'une pensée « en commun », d'une intelligibilité partageable entre individus singuliers, alors ce n'est même pas la peine de commencer à parler. Ce n'est pas que cela soit ensuite facile, ni gagné : il revient aux enseignants d'actualiser cela, à la condition de l'avoir posé comme possible. Mais si l'on décide que le dialogue est impossible, il est parfaitement vain de chercher les artifices techniques les plus sophistiqués pour le rétablir : c'est l'hypothèse qui est en défaut. C'est pourquoi le grand enfermement de l'enfance dans le cercle de son âge, ou de chaque enfant dans sa différence close, n'a d'autre effet, redoutable, que de transformer le système éducatif en une tour de Babel. A n'y pas prendre garde, on risque alors de ruiner la petite chance que dans l'école, des êtres responsables s'adressent aux nouveaux venus, tâchent de les accueillir dans la culture, et sachent résister à tout ce qui tend à les rendre étrangers à l'humanité. Enseigner, c'est sans doute exercer les élèves sur un objet, qu'ils découvrent et élaborent en communauté d'intelligence, sans pour autant qu'ils pensent à l'identique : leur propre pensée se forme dans ce dialogue. Cette possibilité de s'entendre, cette activité d'élaborer les conditions de l'entente, a mille manières : l'attention aux mots du poème, l'objectivation scientifique, la discussion sur le goût, le débat sur les affaires communes. Cette attention crée un « espace », dans lequel le sens commun pourra se déployer. On peut le décrire dans les termes utilisés par Hannah Arendt pour parler de Jaspers : « Il s'agit de chemins qui ouvrent un espace. Le penser de Jaspers est spatial parce qu'il reste toujours référé au monde et aux hommes en lui ; non qu'il soit lié à un espace donné, mais à l'inverse, parce son intention la plus profonde est de ‘‘créer un espace’’ dans lequel l’*humanitas* de l’homme puisse apparaître clairement et lumineusement. Un tel penser, toujours lié ‘‘à la pensée de ce que l’autre pense’’, s’avère politique même quand il traite des choses qui n’ont rien à faire avec le politique ; car il témoigne toujours de ce ‘‘mode de pensée élargi’’ *(erweiterte Denkungsart)* dont parle Kant, et qui est *par excellence* le mode politique[4]. »

Faute de cet exercice, on risque la stupidité si, comme le dit Kant : « Le manque de jugement qui est proprement ce qu’on nomme la stupidité est un vice auquel il n’y a point de remède. » Que la pédagogie soit pensée sous l’angle de la technique ou sous celui de l’art (de fait, les deux perspectives sont complémentaires), son exercice effectif tient tout entier en ce « tact logique », cette aptitude au jugement.

L’identité inquiète

Mais, là encore, pour pouvoir orienter le jugement, le pressentiment du sens commun ne suffit pas : il y faut en général l’attestation d’un sens effectivement partagé dans une communauté donnée[5]. Notre société semble bien ne plus pouvoir le fournir. Encore faudrait-il nuancer : le triomphe de l’individu n’est pas tel qu’il

---

4. ARENDT (H.), *Vies politiques,* Gallimard, 1986.

5. C’est d’ailleurs à ce sens commun que font référence les « communautaristes » américains évoqués plus haut qui critiquent le « constructivisme » de la déduction rawlsienne de la justice.

interdise toute forme de groupe ou d'association, qu'il ne reconnaisse ni classes, ni groupes professionnels, etc. En outre les formes ordinaires de la sociabilité témoignent, elles aussi, d'une imprégnation sociale dans le tissu des échanges entre individus[6]. Mais il est vrai que les identités individuelles, sauf à être caricaturales, ne peuvent plus se poser comme seules représentatives d'un groupe.

Dans le bouleversement perpétuel des légitimités, il y a d'abord l'inquiétude renouvelée des identités, perpétuellement déstabilisées, en mal de reconnaissance, ou de réconfort. Si l'école a une mission ici, ce serait celle de ne pas livrer les individus aux identités stéréotypées dans lesquelles ils peuvent trouver refuge, celles du fanatisme ou des « fans », celle d'une communauté fermée, d'une secte, ou celle d'une vie par procuration à travers l'idole qui supplée à l'image absente de soi-même.

A l'école, ce sont les savoirs et la culture qui permettent à la fois d'arracher les individus aux pentes qui les uniformisent, et de leur ménager la possibilité de ne pas « s'identifier », se figer ou s'aliéner dans une identité toute faite ou une image d'un autre. Sur les questions de l'identité individuelle, l'école doit résister et offrir de quoi résister aux hâtives caricatures des identifications inquiètes. Elle est un des derniers lieux de la liberté de la culture, de la confrontation non commerciale des influences, du temps suspendu de juger et de former le goût : il s'agit de prendre le temps de faire voir et entendre aux enfants ce qu'ils n'auraient jamais

6. PHARO (P.), *Le civisme ordinaire,* Libraire des Méridiens, 1985.

ailleurs pris le temps de découvrir, parce que cela demande un peu de silence, un peu d'enfance ; cela suppose justement d'être un peu hors du temps de l'urgence.

L'école a sur ce point mission de témoignage et de résistance. L'identité est une question sensible dans les sociétés démocratiques, et émotionnellement chargée. Il y a une façon de s'en inquiéter qui est tout à fait illégitime, et qui empiète sur les libertés individuelles. En quoi serait-il légitime que les enfants soient conditionnés à un art de vivre ou obligés de croire à un sens de l'existence qui conforte quelques-uns ? Et il y a une façon de « prendre en compte », comme on dit, « l'affectivité » des enfants, qui les aliène sûrement, et ne plaide pas pour la maturité des adultes qui y cèdent.

L'identité humaine est fragile parce que non établie, soumise à la relation aux autres, sensible à l'imitation, à l'émotion, sensible aux effets collectifs, bref confiée à l'humanité elle-même. Ce n'est pas qu'il faille opposer l'individu et la société : il n'y a d'individu que socialisé. Mais précisément les voies de la socialisation sont plurielles, contrairement à ce que masque le succès de ce terme non questionné. Mais aussi les voies de la singularité : il suffit de rappeler la difficulté qu'il y a, dans une société individualiste, à s'assurer d'une identité personnelle. L'enjeu est bien moins en effet de parvenir enfin à une identité individuelle stable une fois pour toutes que de pouvoir assumer des identités différentes, changeantes selon les circonstances (travail, loisirs, famille, amis). Nous sommes faits d'identités successivement sédimentées, d'appartenances concédées un temps puis récusées, qu'il faut parvenir à assumer toutes ensemble. La description sartrienne de la conscience est sans doute la meilleure approximation de cette condition moderne de l'identité individuelle. Nous ressemblons tous, peu ou prou, à cet exemple de *L'Être et le néant* devenu archetypal : comme le garçon de café qui, pour l'être, joue à l'être, nous devons assumer tour à tour la diversité des rôles sociaux que nous sommes amenés à jouer. Et dès lors se profilent les deux écueils qui symétriquement menacent la personne moderne : par défaut, pour ainsi dire, l'incapacité à se mettre à distance d'un rôle, cette capture par le rôle qui fige l'individu en caractère. On connaît bien les dangers mais aussi les séductions de ces attitudes stéréotypées qui s'offrent comme prothèses à nos identités défaillantes. Déjà, à l'aube de la modernité, Molière en avait décrit le mécanisme. Par excès, en revanche, comme dans ces cas où l'impossibilité de jamais parvenir à se fixer en un rôle condamne l'individu à être en représentation permanente, à devenir l'acteur de sa propre vie, toujours distancié vis-à-vis de lui-même. Aux deux extrêmes, les formes les plus graves de la dissociation psychique : fixation paranoïaque et atonie schizophrénique. Cette situation est sans remède : la condition de l'individu moderne est d'assumer ce déchirement. Mais on sait aussi la violence des tentations de régression à des appartenances univoques et stables, quand le sol se fait trop vacillant. L'interaction pédagogique est ici éducative au sens fort : non seulement parce que le maître ou la maîtresse (et, bien entendu, tout enseignant) est un support d'identifications fortes ; mais aussi parce que c'est à l'école qu'il importe de permettre aux enfants d'apprendre à jouer entre plusieurs espaces, plusieurs appartenances, plusieurs modèles. Il ne s'agit pas tant de les éradiquer tous, encore moins d'en proposer un seul, que de permettre que s'instaure au mieux cette aisance, cette labilité. C'est pourquoi le principe du droit à la différence est illusoire : il peut enfermer les individus dans leur groupe d'appartenance et les sommer d'y être conformes. Si l'école doit aider à l'émergence des individus, elle doit leur apporter quelque chose qui ait à voir avec leur identité mais qui ne soit pas de l'ordre de l'enfermement dans des catégories ni de l'ordre de la manipulation affective.

La condition de l'individu dans les sociétés modernes conduit à une permanente oscillation entre la tentation du repli identitaire et « différentialiste » et l'isolement dans l'indifférence. Dans un cas, on conteste les autorités au nom d'un sous-groupe ou d'une communauté. Dans l'autre, toutes les autorités se valent, ce qui revient à dire que plus aucune n'est crédible. Pourtant, derrière ces autorités contestées, se profile la question de savoir qui décide et comment des affaires publiques, des affaires communes. La tentation est grande d'abdiquer son jugement de citoyen, et d'avoir recours à d'autres, à une « classe politique », ou à ses experts, pour décider. Les pays de l'Est donnent à penser, qui inventent des « forums civiques » : on se plaint ici du désintérêt pour le politique, dont les affaires politiciennes ont dégoûté. C'est précisément ce qui menace selon Arendt, les sociétés de masse : l'espace commun, public n'y existe plus, ou plutôt y est l'objet d'indifférence. C'est ce même espace que ruinent les totalitarismes.

Une pratique de la délibération

Les affaires communes qui intéressent notre vie en commun, appellent des décisions qui organisent cette vie collective. Décisions qui devraient résulter du débat public. L'école doit faire prendre conscience qu'elles ne sont affaire ni de tradition ni d'expertise, mais de débat, et de responsabilité. Elle est aussi le lieu possible d'une préparation au débat et à l'exercice de la parole publique. « Quiconque examine les programmes de l'enseignement en France et réfléchit aux moyens d'action qu'ils devraient donner aux élèves pour les futures luttes de la vie est souvent frappé de la constatation suivante : presque aucune part n'est réservée à l'exercice de la parole proprement dite ; l'écolier apprend à lire, à écrire, à compter, à raisonner, non à parler. » Qui ne souscrirait encore aujourd'hui à ces lignes écrites en septembre 1943, dans la prison de Riom, par l'ancien ministre de l'Éducation nationale du Front populaire, Jean Zay[7] ?

On ne peut confier la représentation de la culture et des savoirs à qui n'entend plus sa langue. C'est dans la langue que l'on se retrouve, communicants et singuliers. C'est donc indirectement déjà dans l'attention à la langue que se prépare la pratique du débat et le goût des mots justes. Une telle perspective inviterait dès le collège à valoriser les ressources rhétoriques du français. Et à apprendre d'autres langues, par lesquelles

---

7. ZAY (J.), *Souvenirs et solitude,* préface de Pierre Mendès France, introduction et notes d'A. Prost, Éditions Talus d'Approche, 1987.

confronter leurs ressources de sens. On remarquera qu'une telle nécessité est immédiatement porteuse de la reconnaissance de l'autre, pour peu qu'on fasse une politique de la langue qui comprenne combien le bilinguisme est une richesse, combien la traduction révèle l'intraduisible. Là encore, des alliances entre des disciplines sont à trouver. Initier à une langue étrangère (et donc à la culture dont elle fait partie), renvoie à l'héritage propre, non par la dilution opérée dans un creuset indistinct, mais au contraire par des confrontations choisies : langue et littérature sont associées, littérature et histoire peuvent être comparées.

La pratique de la délibération exige d'être exercée pour elle-même. La capacité d'échange, le sens des possibles, doivent pouvoir se développer à travers l'étude philosophique de l'argumentation, et la pratique de ce dialogue, y compris celui de soi avec soi sans lequel il n'y a pas de jugement sûr.

Outre ces formations à une conscience, une sensibilité et des savoir-faire qui rendent possible un sens commun, il y a à imaginer aussi dans l'école des moments de débat sur les affaires « communes » : non pas tant celles des citoyens, mais déjà celles même de l'institution. Il y a un civisme propre à l'école, une façon de donner sens à l'institution, une façon d'y régler la vie collective, qui est déjà une forme de « sens commun » dans lequel les écoliers peuvent avoir droit de dire dans le même temps où ils apprennent à entendre et à s'entendre. La capacité à juger par soi-même passe par la fréquentation de ces démarches où l'on apprend à penser « autrement qu'on ne pense », à se décentrer, à sortir de soi, et du cercle du même. Tel est le premier mérite de l'ouvrage dans un monde commun. Il ne s'agit toutefois ni de faire du ciment idéologique, ni du consensus sentimental.

Une éthique de la mémoire

L'espace commun nécessaire au jugement est peut-être d'abord celui de repères communs sur l'histoire. On a dit que les enfants avaient besoin de récit. Et qu'entre la vieille histoire idéologique, le par cœur des chronologies, et la critique des documents dans lesquels les enfants se perdent, il fallait des récits justes : « entre mémoire et histoire », pour reprendre les termes de Pierre Nora, susceptibles de mettre en perspective le passé sur lequel s'inscrit notre présent[8].

Cela représente une éthique de la mémoire, car il faut s'y garder des relectures commodes et biaisées de l'histoire. Les périodes sombres, le passé peu glorieux, les épisodes honteux ne doivent pas être l'objet d'une amnésie, pas plus que les moments forts ne doivent être l'objet d'un triomphe. L'histoire est alors le lieu d'une responsabilité qui seule rend possible les courages à venir. « Pour que le mal n'oscille plus entre la banalisation — tous les maux se valent alors — et l'horreur, il faut retrouver dans nos démocraties qui relativisent les valeurs, le sens du juste et de l'injuste... La France a trop longtemps rusé avec la mémoire, avec les blessures de l'histoire. Et c'est le contraire qui se passe : le mal resurgit avec plus de haine que jamais[9]. »

8. Cf. La mise au point de NORA (P.), *Les lieux de mémoire,* vol. 1 : *La République,* Introduction, Gallimard, 1984.
9. *Esprit,* Éditorial, juin 1990.

De même le patrimoine de convictions communes ne doit pas être brandi comme des « tables descendues du ciel qu'il faudrait adorer et croire », selon le mot de Condorcet. Garder vive la mémoire des déclarations des Droits de l'homme et du citoyen, c'est ne pas les considérer comme un acquis, mais comme un héritage qu'on n'a pas fini de penser, et dont les injonctions exigent encore d'être inventées et accomplies.

Mais la formation au jugement a un autre enjeu : par la discussion qu'elle suscite, par l'exercice d'un échange capable de communiquer les points de vue, l'exercice du jugement de goût prépare indirectement à accueillir le point de vue de l'autre dans le débat. Ainsi l'éducation esthétique a-t-elle indirectement à voir avec un sens du politique[10]. Toutefois celui-ci y est irréductible et doit être l'objet d'un exercice propre.

Une esthétique

On a fort mauvaise conscience de nos jours, sur la question du goût. Le « bon goût » est réputé celui de la classe dominante. Et du coup, l'école court le risque d'abdiquer toute éducation en la matière. Or les enfants ont mauvais goût. Ou plus exactement, ils n'en ont pas, ils n'ont pas de discernement, ils sont souvent versa-

10. Voir là-dessus ARENDT (H.), *La vie de l'esprit*, vol. 2 : *Le vouloir,* PUF, 1983. Sur l'analyse kantienne du jugement de goût et, de façon générale, sur les questions du jugement et du sens commun on se référera avec profit à l'ouvrage de CANIVEZ (P.), *Éduquer le citoyen*, Hatier, 1990.

tiles ou inébranlables par le même suivisme, ils subissent une influence ou une imprégnation où ne s'exerce aucune capacité de juger.

La formation du goût, entendue comme autre chose que l'inculcation du goût dominant, est l'apprentissage du discernement sensible, des patiences du regard et de l'écoute. Et l'on peut certes imaginer qu'en ces temps de fond sonore omniprésent, prendre le temps de l'écoute d'une œuvre soit un exercice. Ou qu'en ces mêmes temps de bavardages, ou de distraction permanente, le temps du regard silencieux, qui sache apprendre du tableau même comment entrer dans son regard, demande à être ménagé et préparé.

Derrière l'enseignement scolaire de toutes sortes de techniques raffinées d'analyses, de textes, d'images et autres lectures de tableaux, on a trop oublié l'idée qu'on lit pour être mieux au cœur des choses par le cœur du langage, plus exactement que lire nous met sans que nous le voulions même, au cœur des choses, par le langage, que la littérature « sert » à vivre, et l'art à goûter l'espace et le temps du monde. Pas seulement par ce que dit la littérature ou l'art, mais parce que « tel nom lu dans un livre autrefois contient entre ses syllabes le vent rapide et le soleil brillant qu'il faisait quand nous le lisions[11]... ». Or précisément cette éducation esthétique est une façon de ne pas laisser l'individu désemparé devant ses émotions. « Dans nos ténèbres il n'y a pas une place pour la Beauté. Toute la place est pour la Beauté[12]. »

---

11. PROUST (M.), *Le temps retrouvé.*

12. CHAR (R.), Feuillets d'Hypnos, 237, in *Fureur et mystère*, La Pléiade, p. 232.

Seule l'émotion esthétique permet de se « ressaisir », tout en saisissant quelque sens singulier. Seule, elle conjugue l'universel exigé de l'école et le singulier appelé par l'individu. Elle est ce qui permet de dire l'existence et de la goûter, d'en saisir les émotions et de les mettre à distance, de s'en déprendre et d'en jouer, d'expérimenter d'autres manières d'être au monde, de cultiver des interprétations multiples sans se rendre prisonnier d'une identification figée de soi et du monde. Elle témoigne des chemins multiples et de la formation étrange du moi, d'un devenir nécessairement habité d'altérité.

« Par l'art seulement nous pouvons sortir de nous, savoir ce que voit un autre de cet univers qui n'est pas le même que le nôtre, et dont les paysages nous seraient restés aussi inconnus que ceux qu'il peut y avoir dans la lune. Grâce à l'art, au lieu de voir un seul monde, le nôtre, nous le voyons se multiplier, et autant qu'il y a d'artistes originaux, autant nous avons de mondes à notre disposition, plus différents les uns des autres que ceux qui roulent dans l'infini et, bien des siècles après qu'est éteint le foyer dont il émanait, qu'il s'appelât Rembrandt ou bien Vermeer, nous envoient encore leur rayon spécial[13]... »

Ne pas laisser « l'âme désarmée » devant les émotions, cela ne signifie nullement, comme le croient certains, redonner sa place à l'affectivité. Cela signifie comprendre que l'émotion, qui surgit quand font défaut les maîtrises, trouve alors comme issues la fuite, la panique, le refuge, le fanatisme, les stéréotypes... Ou l'art.

---

13. PROUST (M.), *op. cit.*

Ainsi « éduquer après Auschwitz » ce serait d'abord comprendre comment la capacité de juger a pu manquer dans le totalitarisme, et ce qui fait qu'elle n'a pas manqué à ceux qui ne se sont pas laissés entraîner. Ce serait prendre les moyens de se prémunir contre une nouvelle ruine du sens commun. Les caractéristiques de ceux qui se sont laissés prendre à la dérive barbare des systèmes totalitaires sont leur indifférence et leur absence de pensée. A l'inverse, ceux qui ont su résister ont manifesté « l'habitude de vivre avec soi-même sur un mode explicite, c'est-à-dire de se livrer à ce dialogue silencieux avec soi que, depuis Socrate et Platon, nous avons coutume d'appeler penser... Ceux qui n'ont pas participé au système sont ceux qui se demandaient dans quelle mesure ils pourraient encore vivre en paix avec eux-mêmes après avoir commis certaines actions[14] ».

Cette capacité à juger par soi-même, qui sait ne pas se laisser aller à l'indifférence, paraît ainsi essentielle à la démocratie. Elle se fraye dans le refus de l'isolement, dans le souci de l'autre et de la pensée : dans la recherche d'un sens commun. Non pas une sorte de communauté uniforme de sentiment ou de « pensée » qui engloberait et nierait les individus, mais au contraire l'espace de convictions partagées dans lequel se peuvent manifester la pluralité, l'invention et le débat.

---

14. ARENDT, *Penser l'événement*, Belin, 1989.

7

LE MÉTIER D'ENSEIGNER

Enseigner, éduquer, instruire : en relisant les traditions dans lesquelles ces trois termes sont inscrits, on s'est efforcé de les articuler pour aujourd'hui. Cette articulation est, au quotidien, le fruit du travail des enseignants. Ce sont eux, en définitive, qui vont devoir porter la responsabilité de l'école, ce sont d'abord eux qui la font. Mais qui sont-ils ? On les voit souvent figés, coincés dans leurs particularismes professionnels, leurs idiomes pédagogiques, leurs manies individuelles. On les loue et on les méprise un peu. On les envie parfois (les vacances, voyons !) et on les plaint (les mômes : comment peuvent-ils supporter ?). Eux, en retour, se sentent incompris, assiégés. Ils voudraient qu'on les estime plus (et qu'on les paye plus) mais qu'on leur en demande moins. Ils contestent, brocardent leurs ministres, mais sont plus respectueux qu'on ne le croit des autorités. Ils râlent, plutôt : souvent, beaucoup. Farouchement individualistes (dans sa classe, le prof est seul maître à bord), leur conformisme et leurs similitudes étonnent. Prêts à tout pour défendre l'institution, ils sont en fait profondément divisés : secondaire, primaire, supérieur. Agrégés, certifiés, auxiliaires. Littéraires et scientifiques, sans compter les « petites disciplines ». Pédagogues rénovateurs et traditionalistes partisans de l'instruction. Toutes ces divisions renvoient à des imaginaires sédimentés.

Schématiquement, la faille la plus profonde est celle qui oppose deux représentations de la fonction enseignante : le métier et la vocation. Drôle d'opposition, quand on songe que bon nombre d'entre eux sont arrivés là par hasard et maugréent contre le sort qui leur est fait. Mais ce clivage est source d'identités professionnelles fortes. En fait, elle cristallise toute une série de vieilles oppositions, au moment même où les enseignants sont plus divers et moins homogènes que jamais[1]. Question d'époque bien sûr : la poussée individualiste les atteint comme les autres. Mais aussi question d'effectifs. Jamais ils n'ont été si nombreux : deux fois plus qu'à la fin des années soixante. Et leur nombre va continuer à croître dans les années qui viennent de façon vertigineuse. On sait même qu'on n'arrivera pas à en recruter suffisamment : les prévisions du ministère en la matière sont alarmantes. Alors que faire ? Il est relativement aisé de définir un profil idéal d'enseignant, moins de savoir ce que devra être concrètement l'enseignant un peu improvisé de demain : notons simplement qu'il risque de ressembler passablement à celui qui, dès les années soixante, fut massivement recruté sans formation et envoyé sur le terrain, nécessité oblige. Métier ou vocation, la question devient secondaire. Car

1. HAMON (H.), ROTMAN (P.), *Tant qu'il y aura des profs,* Seuil, 1984 ; GAUTHIER (N.), GUIGON (C.), GUILLOT (M.-A.), *Les instits. Enquête sur l'école primaire,* Seuil, 1986.

il faudra bien qu'il enseigne : formation adéquate ou moyens du bord, tout lui sera bon pour surnager. Il est alors à craindre que, faute d'une préparation conséquente, il en revienne aux vieilles représentations qui partagent la profession. On n'est jamais aussi solidaire que quand on est perdu.

Pourquoi des professeurs ?

Savant ou pédagogue ? A n'en pas douter le dilemme commande encore les principales représentations que l'on se fait de l'activité enseignante. Du côté du métier, on trouvera ceux qui pensent que la pédagogie est plus qu'un art ineffable, mais qu'on peut et qu'on doit en dégager les grands principes, les principales méthodes, et qu'elle est enseignable. Cette formation pédagogique assure une identité professionnelle et constitue la spécificité du métier. Sont conduits à penser ainsi les instituteurs, qui ont reçu une formation principalement pédagogique, contrepartie de leur polyvalence disciplinaire. A l'inverse, les enseignants du secondaire, agrégés et certifiés, se voient d'abord comme des spécialistes de leurs disciplines respectives. Leur capacité d'enseigner tient à ce savoir disciplinaire, leur identité professionnelle aussi : ils sont en continuité avec les chercheurs, les savants, bref aussi bien avec ceux qui n'enseignent pas. Pour eux, la pédagogie est un art, qui ne relève pas d'une formation spécifique, tout juste d'une acclimatation sur le terrain. Comme on l'a vu cette opposition remonte à la coupure qui séparait primaire et secondaire aux débuts de la IIIe République. Si le système s'est unifié depuis, la scission du corps enseignant demeure : elle structure même en profondeur le paysage du syndicalisme enseignant[2]. L'enjeu de certaines réformes récentes (revalorisation, formation des maîtres) est de tenter de l'effacer. Mais il faudrait pour cela rebâtir tout l'édifice, à distance à la fois des routines pédagogiques et des tabous disciplinaires, de l'imaginaire « libéral » — au sens de profession libérale — des enseignants du secondaire et de l'imaginaire pédocentrique — selon lequel la condition nécessaire et suffisante pour enseigner serait d'aimer les enfants — qu'on prête, à tort ou à raison, aux enseignants du primaire.

C'est dans la longue durée que s'inscrit le mouvement de *professionnalisation* de la fonction enseignante[3]. Elle ne figure pas, en droit, dans l'idée d'instruction publique, bien au contraire (ainsi Condorcet et d'autres surent exprimer clairement la plus grande méfiance à l'égard d'un corps constitué qui risquait tout simplement de reproduire tous les traits des congrégations et les travers des corporatismes). Après l'éphémère tentative de l'École normale de l'an III, c'est à la France bourgeoise de la monarchie de Juillet que revient le premier grand effort de constituer un corps de professionnels de l'enseignement élémentaire à côté de l'université qui, traditionnellement, produisait et recrutait les enseignants

2. Sur le principal syndicat enseignant, cf. le livre de AUBERT (V.), BERGOUGNIOUX (A.), MARTIN (J.-P.) et MOURIAUX (R.), *La Forteresse enseignante*, (la FEN), Fayard, coll. Fondation Saint-Simon, 1985.

3. CHARTIER (A.-M.), « En quoi instruire est un métier ? », in *Actes du colloque « Philosophie et pédagogie : le métier d'instruire »*, La Rochelle, à paraître.

des autres ordres. En inventant l'inspection, en développant les écoles normales, Guizot fit la chasse aux instituteurs-artisans et normalisa un nouveau poste de travail : celui de l'instituteur laïc (qui n'appartient à aucune congrégation) mais respectueux de la religion. Ce n'était pas encore un fonctionnaire : il n'était pas rétribué par l'État (ceci viendra bien plus tard). Mais c'était un « professionnel » (malgré l'anachronisme du terme) — bien qu'il ait eu à servir la messe et à faire le chantre selon le bon vouloir des autorités communales et du curé de la paroisse. Sa compétence est garantie par un brevet de capacité et il est — étroitement — contrôlé par l'État (et plus seulement par les autorités locales). Enfin, sa formation — d'abord essentiellement morale — est assurée à l'école normale du département. Mais peu nombreux sont les boursiers et, de fait, deux modes parallèles de recrutement coexistent, liés à des contraintes financières, aux aléas de la démographie, de la demande sociale et aux efforts d'ouverture d'écoles.

Si l'école normale fournit, comme son nom l'indique, le modèle de l'instituteur compétent, bien des maîtres ne la fréquentent pas, adjoints, suppléants formés « sur le tas » au long des années d'exercice. Ce dispositif s'est perpétué sous la IIIe République et ce n'est que depuis peu qu'il est forclos avec l'extinction du recrutement de suppléants. Encore que l'interdiction faite, dans les années quatre-vingt, aux rectorats et inspections d'académie de recourir aux suppléants et aux auxiliaires soit ici et là de plus en plus transgressée. Il faut bien mettre des enseignants devant les écoliers lorsque des épidémies frappent les salles de professeurs, lorsque des classes ouvrent en cours d'année, lorsque s'implantent des villes nouvelles, etc. Et les gestionnaires voient mal comment gérer des évolutions d'effectifs parfois imprévisibles sans la commodité d'un volant de main-d'œuvre mobile et contractuelle.

Dans le secondaire, des problèmes analogues se rencontrent mais sous une autre forme : la compétence du titulaire est mesurée par la réussite à un concours de recrutement qui distingue l'agrégé de l'université (et, plus tard, le professeur certifié) du maître-auxiliaire ou de l'adjoint d'enseignement. Malgré le nom du grade (certificat d'aptitude pédagogique à l'enseignement secondaire) le « certifié », pas plus que l'agrégé, ne reçoit de véritable formation à l'exercice de sa profession sinon celle qui résulte de la maîtrise des connaissances mobilisées pour réussir ledit concours. Quant au maître auxiliaire, taillable et corvéable, il doit se débrouiller seul.

Permanence donc : une définition de plus en plus serrée du professionnel, la constitution d'un corps de fonctionnaires, une prise en charge du salaire par l'État. Permanence encore : la coexistence, dans l'ensemble des enseignants effectivement en fonction, de titulaires (formés à la profession comme les instituteurs passés à l'école normale, ou sans formation professionnelle comme les certifiés et les agrégés) et de vacataires. Parmi ces derniers, certains, après avoir touché à l'enseignement, s'en éloignent. Les autres ont vocation à devenir à leur tour fonctionnaires à part entière par les dispositifs de concours internes ou de titularisation.

Cette double filière ne cesse d'être décriée, et la gauche enseignante a fini par promouvoir le modèle d'une formation pour tous et la perspective d'une liquidation de l'auxiliariat, maladie infantile et honteuse du corps enseignant. On consacre ainsi le triomphe d'un modèle uniforme de l'enseignant qui vient après la disparition des répétiteurs, des maîtres d'étude et autres maîtres d'internat. Comme sous Guizot l'instituteur avait chassé l'instituteur-artisan, le clerc a évincé le pion et aujourd'hui le fonctionnaire triomphe de l'auxiliaire. Cette évolution donne un contenu aux identités professionnelles tout en les pluralisant. Elle a donc pour contrepartie de susciter une alternative : faut-il admettre que la diversité des tâches implique une hiérarchie entre les enseignants ? Faut-il, au contraire, appeler de ses vœux un « corps unique des enseignants de la maternelle à l'université » ? Questions d'autant plus radicales que tout diagnostic de crise ou d'échec du système éducatif est vite imputé aux faiblesses de ses principaux acteurs. Si la société est en crise c'est que l'école l'est aussi. Si l'école échoue c'est que ses maîtres sont mal ou trop peu « formés ». Ce raisonnement en forme de régression à l'infini rappelle les débats des révolutionnaires français autour de l'inquiétante question : qui formera les formateurs[4] ?

4. Les débats révolutionnaires autour de ce problème font l'objet d'un chapitre du livre de JULIA (D.), *Les trois couleurs du tableau noir*, Belin, 1981. Cette question préjudicielle est pourtant insoluble : son traitement philosophique et théologique le plus rigoureux, avec le *De Magistro* de saint Augustin, conduit déjà à constater que nul ne peut être appelé maître, à part Dieu. Kant, lui aussi, butera sur ce problème.

La première École normale

« Existe-t-il en France, existe-t-il en Europe, existe-t-il sur la terre deux ou trois cents hommes (il nous en faudrait davantage), en état d'enseigner les arts utiles et les connaissances nécessaires, avec les méthodes qui rendent les esprits plus pénétrants et les idées plus claires ; avec les méthodes qui en vous apprenant une chose vous apprennent à raisonner sur toutes ? Non ce nombre d'hommes quelque petit qu'il paraisse n'existe nulle part sur la terre. Il faut donc les former ; et par ce cercle vicieux et fatal dans lequel semble toujours rouler les destinées humaines, il semble que pour les former il faudrait déjà les avoir[5]. »

Tel est le problème qui a hanté la fondation de l'École normale de l'an III, premier essai d'une institution publique et nationale de formation des maîtres. De cette aventure brève, ambitieuse et fort utopique, on retiendra que ses auteurs avaient posé le problème avec une grande clarté : « Dans ces écoles, ce n'est [...] pas les sciences que l'on enseignera mais l'art de les enseigner ; au sortir de ces écoles, les disciples ne devront pas être seulement des hommes instruits mais des hommes capables d'instruire. »

Pour conduire une politique de l'éducation, qui se fixe comme tâche « la régénération de l'entendement humain dans une République de vingt-cinq millions d'hommes que la démocratie rend tous égaux », on

5. LAKANAL, « Rapport sur les Écoles normales », *in Une éducation pour la démocratie, op. cit.* Cf. aussi CORNU (L.), « Le droit d'instruire... », *art. cit.*

cherche à définir un art d'enseigner qui soit lui-même enseignable. Les idéologues fournissent l'idée d'une méthode pédagogique, féconde dans les sciences, et fort démocratique : *l'analyse.* Recherche des éléments, elle donne l'intelligence des choses. Élémentaire, elle éclaire l'intelligence des êtres, dans une progression simple et rationnelle : *sa rationalité est d'emblée pédagogique.* Si la méthode est de règle, si l'on suit sa graduelle discipline et son modèle, si elle devient normale, alors l'enseignement sera démocratique : une, diffusée partout, elle donnera à tous les moyens d'accéder aux lumières, d'exercer leur jugement et leurs droits. Pour mettre en place l'instruction primaire, il fallait commencer par former les maîtres. On voulut le faire au nom de la raison, et par la raison. Méthodiquement. Ce souci de méthode rationnelle conjoint la diffusion sur tout le territoire, le développement du savoir et la pédagogie ; c'est cette triple dimension qui légitime la normativité de l'École normale. Or chacun des professeurs de cette première institution publique de formation suivit, dans ses cours, sa propre méthode, tous employant ce terme mais en des sens divers. Les politiques d'un côté, les savants dans leur domaine, les pédagogues dans le leur, tous usaient du même mot pour les démarches fort distinctes, et parfois incompatibles. Le mot de méthode, politiquement commode, scientifiquement indispensable, pédagogiquement utile, est partout, donnant l'illusion d'un consensus qui est fait de contresens et de l'amalgame des trois plans. L'ambiguïté était totale, exactement de même qu'elle l'est aujourd'hui autour du terme de formation. Car, s'il n'existe pas de méthode universellement valable et infaillible, sur quelles règles va-t-on fonder l'entreprise de formation ? Et à qui demandera-t-on de formuler ces règles ? Aux savants eux-mêmes ? Ou aux pédagogues ? Mais il faudrait qu'ils aient déjà été « formés » ! A cercle logique, solution pragmatique ! On n'en est plus au commencement, il existe déjà des formateurs : il s'agit des grands savants de l'époque : « ... pour la première fois, les hommes les plus éminents en tout genre de sciences et de talents, les hommes qui jusqu'à présent n'ont été que les professeurs des nations et des siècles, les hommes de génie vont être les premiers maîtres d'école d'un peuple[6] ! »

Corps unique ou égale dignité ?

En rappelant ce moment fort où les savants eux-mêmes n'ont pas dédaigné d'instruire directement la jeune génération ou le peuple encore dans l'ignorance, on permet de mieux comprendre ce qu'a de spécifique la fonction enseignante (et en quoi l'enseignant n'est pas un répétiteur). On pourrait aussi reconstruire la généalogie qui va de Condorcet, écrivant dans la retraite où il échappait à ses procureurs, un manuel d'arithmétique élémentaire[7], aux Paul Bert et autres Lavisse[8],

6. *Ibid.*

7. CONDORCET, *Moyen d'apprendre à compter sûrement et avec facilité,* édition C. Coutel, N. Picard et G. Schrubring, A.C.L., 1988.

8. On sait que Lavisse, par exemple, sous le nom de Pierre Laloi, donne une série de manuels d'instruction civique. Cf. NORA (P.), « Lavisse, instituteur national », in *Les lieux de mémoire,* I, *La République, op. cit.*

universitaires instruisant les enfants des écoles. Il s'agissait dans tous ces cas d'écrire des manuels élémentaires ou de former les instituteurs. C'est dire que, même en ces périodes héroïques, il y avait des *médiateurs,* livres ou maîtres, entre les savants et les enfants des écoles.

A plus forte raison, en dehors des époques fondatrices ou enthousiastes, l'exercice des savoirs élémentaires requiert des spécialistes, des professionnels qu'il faut savoir définir autrement que comme des « moins savants ». L'absurdité de l'ordre existant éclate en effet avec la hiérarchie du salaire et du prestige qui va de l'instituteur à l'agrégé ou à l'enseignant chercheur de l'université. On semble vouloir renoncer aujourd'hui à mettre en application le mot d'ordre de corps unique et se satisfaire du *statu quo*. Un tel réalisme ne saurait faire oublier que l'état actuel des choses est surtout « justifié » par le poids du passé et le libre jeu des intérêts corporatistes. En réalité, la notion de corps unique des enseignants joue comme une idée régulatrice qui donne son unité à l'idée même d'école. Ainsi, les compétences spécifiques des enseignants de l'école élémentaire ne sauraient être considérées comme le degré inférieur d'une échelle qui assurerait la suprématie du spécialiste de versification grecque, d'astrophysique ou de droit constitutionnel. A l'école, le degré de difficulté de la tâche d'enseigner ne se mesure pas simplement à l'aune de la spécialisation des contenus. De ce point de vue, on voit mal pourquoi la reconnaissance salariale devrait être exclusivement indexée sur une échelle scolaire qui calque celle de l'âge des élèves. Du coup, parler de corps unique signifie d'abord reconnaître l'*égale dignité* des tâches par le moyen d'une harmonisation des salaires et du prestige, mais non pas assimiler ces tâches. Cela suppose par là-même de donner une formation aussi qualifiée aux uns et aux autres, mais non pas uniformisée. Faire entrer les enfants dans les apprentissages du « lire, écrire, compter » représente un travail complexe : la fausse pente descendante qui irait du savant au maître d'école empêche de saisir la spécificité de la mission d'instruire et de faire étudier.

Plus d'enseignants à vie ?

L'école n'est pas une garderie ou un centre de loisirs. Mais pas non plus une académie, un laboratoire ou une bibliothèque. Si elle n'a que faire de gardiens ou d'animateurs elle ne peut non plus se contenter des seuls savants, aussi instruits soient-ils. Le rôle de l'enseignant n'est ni d'animer, ni d'informer simplement mais de conduire les écoliers à développer leurs capacités d'être humain et leur jugement de citoyen. C'est en ce sens qu'il a lui-même à être « formé ». Les débats sur la revalorisation de la fonction enseignante et la crise du recrutement doivent être envisagés dans cette perspective.

La difficulté à susciter des candidatures au professorat pourrait de nouveau faire reculer l'horizon d'une école dont la totalité des enseignants seraient des professionnels, dûment titrés et titulaires. Il faut cependant convenir qu'une chose est de définir l'école comme institution spécifique (relativement autonome par rapport aux autres institutions), une autre de conclure à l'exclusivité d'un corps de professionnels de l'enseignement. Le recours à des non-professionnels (entendez des non-titulaires) de l'éducation nationale signifie-t-il nécessairement l'affaiblissement ou le démantèlement du service public ? N'est-ce pas un préjugé qui veut que l'intérêt de l'éducation nationale se confonde avec celui de ses fonctionnaires ?

Un certain bon sens veut qu'à chacun son métier, les vaches soient bien gardées. Mais les écoliers ne sont pas des bovidés. Il n'est pas nécessairement néfaste — il est même peut-être utile — que les enseignants aillent voir ailleurs et que des gens venus d'ailleurs enseignent aussi dans les écoles. Il y a un point d'équilibre à trouver. Il ne s'agit, bien entendu, ni de faire croire que des vacataires constituent un plus du seul fait qu'ils apporteraient un « air frais », ni de justifier par des arguties les pis aller du recrutement. Réemployer à moindres frais, c'est-à-dire sans formation, des laissés pour compte d'un autre cursus, comme on a pu y songer, n'est pas sérieux. Pour eux, d'abord, qui pourraient demander à ce que cela ne se fasse pas n'importe comment. Pour les élèves, surtout, et l'enseignement auquel ils ont droit. D'un autre côté, dans le primaire du moins, on peut penser que la polyvalence actuelle des instituteurs est une exigence quasi intenable. On peut alors envisager d'autres organisations qui iraient dans le sens de la mobilité : des profils à « dominance » (disciplinaire ou pédagogique : classes uniques, classes spécialisées), des instituteurs « spécialisés » et complémentaires (cela s'ébauche déjà dans certaines écoles) ; ou encore une redéfinition des instituteurs comme spécialistes des apprentissages fondamentaux, ce qui justifierait l'appel à d'autres « partenaires » pour certains autres enseignements (artistiques, par exemple). Enfin il faut ici distinguer une revendication et une représentation qu'il serait commode d'amalgamer : la revendication, compréhensible, est celle de perspectives dans le métier, telles qu'un enseignant puisse changer de « niveau » de classe, voir son travail évoluer, progresser, ou vouloir le suspendre un temps, pour le reprendre. De telles souplesses, avec les formations indispensables, doivent pouvoir être mises en place. Mais cela ne signifie pas qu'on peut s'improviser enseignant simplement parce qu'on est adulte, ni que le changement à tout prix est la catégorie cardinale d'un travail intéressant. Il faut s'y résoudre : le métier d'enseignant présente ce paradoxe d'être à la fois une tâche toujours menacée par la routine et un métier qu'on n'exerce bien qu'avec le temps.

Le roman de la formation

Mais la formation n'a-t-elle pas toujours une dimension rétrospective ? Le savoir se construit dans le temps et par la relation mais ce qu'on nomme formation n'est le plus souvent que le *récit* de cette relation. Ou si l'on veut, la formation est toujours après coup. La formation c'est ce qu'on raconte au terme du parcours en faisant l'étrange hypothèse qu'on se souvient parfaitement de toutes les étapes suivies et que les autres devraient aussi les franchir selon le même cheminement. Ainsi circulent les récits d'apprentissages tenus par ceux qui se pensent comme le dernier carré des défenseurs de la culture : « Nous avons toujours su lire : nous ne pouvons pas nous rappeler le temps où nous ne savions pas lire... Notre enfance nous semble faite d'après-midi lents, de soirs tombants dans une salle de classe, de lampes coniques suspendues au-dessus de nos têtes, dans la jaune lumière desquelles, toujours, nous lisions[9]... » Dans la distinction nécessaire entre le récit de voyage singulier et la méthode d'apprentissage (le sens premier de *methodos* est « chemin ») réside le principe d'une critique des discours généralement tenus dans le monde de la formation professionnelle. Ils présentent la formation comme un processus d'alternance entre la théorie et la pratique, l'exercice du métier et des périodes de réflexion, une affaire à la fois collective et personnelle qui transforme en expérience signifiante les événements subis par la médiation d'une analyse, d'une formalisation, d'une prise de conscience, etc. On est ainsi conduit à faire place à l'expérience, au quotidien (au « vécu ») mais pour y privilégier ceux des gestes, des situations, des pratiques qui peuvent constituer le point de départ d'une transformation ou d'un progrès. Comment un tel découpage peut-il être opéré ? Comment distinguer dans le présent ce qui mérite d'être réfléchi ? Ce n'est qu'après coup qu'il est possible de marquer et de saisir l'événement, la rupture qu'il a provoquée, la prise de conscience qu'il a suscitée et les leçons qu'on en a tirées. On saisit là, au passage, l'habileté propre au « formateur », prompt à saisir — ou à fabriquer — de telles ruptures dans la continuité de l'expérience quotidienne. Et on retrouve dans cette conception tous les traits qui caractérisent les romans de formation : ils ne

9. SALLENAVE (D.), « Éloge de la lecture », *Le Matin de Paris,* janvier 1981.

racontent pas tout et, dans l'écriture, réorganisent après coup. Ils se doivent d'être si éclairants et édifiants qu'à la sélection qu'ils opèrent, à l'arrangement que la composition fait subir à l'expérience, à l'idée du destinataire dont la lecture déjà supposée oriente la signification du témoignage. Il y a donc, même dans les définitions les plus modernes de la formation, une condition « scolaire » de l'événement : à la fois racontable et formateur, saisi après coup comme moment d'inflexion où la vie, jusque-là subie dans la confusion et l'aveuglement, peut enfin devenir pensée vive. C'est à l'école en effet que mérite d'être raconté comme une « histoire » tout ce qui peut se terminer en « leçon » ; d'être écrit et lu tout récit qui peut faire l'objet de *lectio,* qui est digne du statut de légende[10].

Là encore, il faut faire référence à Descartes. La véracité historique du récit qu'il fait de sa vie intellectuelle pour en tirer un *Discours de la méthode* est bien douteuse. Et cependant le cadre après coup dans lequel il a recomposé les événements d'une vie sans doute aussi aléatoire et imprévisible qu'une autre n'est pas nécessairement faux, comme l'écrit Henri Gouhier : « L'absence de dessein n'exclut pas tout dessin. L'essentiel est de ne pas prendre le dessin pour un dessein. La jeunesse de Descartes n'est pas la réalisation d'un ordre préétabli, mais la vie est toujours création d'un ordre sans programme... Cadre et contenu du *Discours*... représentent une unité où le présent sollicite

10. Cf. sur ce point POMPOUGNAC (J.-C.), « La leçon de philosophie », *Encyclopédie philosophique universelle,* PUF, 1989.

le passé et aussi où le passé s'impose au présent[11]. » Si la vie est création d'un ordre sans programme, on comprend qu'il est plus facile de traiter la formation dans des romans que dans des programmes et des cursus préétablis. Et que les discours, qui font de la formation (étendue à tous les âges, à tous les problèmes et à toutes les situations) la solution à toutes les crises de notre temps sont porteurs d'illusions et de confusions quant au rôle spécifique de l'école.

Le formateur à son miroir

S'agissant des enseignants, cette question de la formation est de nouveau à l'ordre du jour. Les seuls établissements qui y étaient entièrement consacrés, les écoles normales d'instituteurs, vont disparaître. Le projet que formulait il y a près d'un demi-siècle le plan Langevin-Wallon (dans un contexte politique entièrement différent de celui d'aujourd'hui) est désormais inscrit dans la loi : tous les maîtres seront formés, ils le seront tous à l'université. On se préoccupe donc de créer des « instituts universitaires de formation des maîtres ». Le chantier est encore un terrain vague et les esquisses incertaines. Les idées neuves (ou supposées telles par des esprits oublieux) y croisent les conflits des différents corps de métiers et les revendications de ceux qui se croient déjà autorisés à enlever le marché. Affaire complexe, dans une université par ailleurs au bord de l'explosion ; affaire délicate qui touche aussi bien à des

11. GOUHIER (H.), *Essais sur Descartes,* Plon, 1949.

enjeux corporatistes qu'à des représentations symboliques profondément ancrées. Cette étonnante opération l'illustre bien, qui relève à la fois de la chirurgie esthétique et de la rhétorique au terme de laquelle les instituteurs s'appelleraient désormais des « professeurs d'école ». Comme toujours on semble tout attendre de l'alchimie du verbe et espérer un peu naïvement qu'un changement de dénomination mette fin à un clivage aussi profond que permanent. Tous les enseignants, en effet, devraient être recrutés au niveau de la licence (pour peu qu'on trouve assez de candidats pourvus de ce diplôme). Après quoi l'institut leur délivrera une formation appropriée, à finalité professionnelle. L'affaire est d'importance mais, que l'on sache, le débat n'a pas encore été porté au-delà du cercle des spécialistes.

On se prépare probablement les pires difficultés tant cette réforme intervient au moment où rien n'est moins clair que l'idée même de formation. *Formation :* voilà le maître mot où se reconnaissent des partenaires jadis sourds les uns aux autres : les technocrates (pour qui elle est un investissement) et les pédagogues inspirés (elle est leur chemin de Damas) ; les enseignants dans l'incertitude et les managers confiants ; les spécialistes en communication et leur cinquième colonne dans le monde de l'école (les tenants de toutes les formes de l'« ingénierie pédagogique ») pour qui la formation est le laboratoire de la modernité. Si elle témoigne d'un certain désarroi, cette confiance partagée est aussi déterminée par une « offre », celle du nouveau marché de la formation. Le développement de la formation permanente en entreprise et, peu après, celui de la formation continue dans l'Éducation nationale (d'abord pour les instituteurs) sont restés jusqu'à présent des processus parallèles. Mais les modèles circulent, les idées s'échangent. La participation d'enseignants de l'Éducation nationale à la formation professionnelle (par le biais des GRETA, par exemple) ou aux dispositifs d'insertion des jeunes constitue une nouvelle expérience. Le modèle propre à la formation continue est celui du stage — échappée hors du poste de travail — apprentissage bref, mais souvent « intense » de nouveaux savoir-faire et de nouveaux regards sur le métier (quand il n'est pas, plus radicalement et plus dramatiquement, celui du « recyclage » ou de la reconversion).

A l'inverse, le modèle de la formation initiale des enseignants requiert un temps plus long, consacré non seulement à l'étude des connaissances scolaires et des procédures de transmission mais aussi à l'acquisition d'attitudes, de comportements « normaux ». Héritage d'une conception ecclésiale et religieuse de la formation et du modèle du séminaire, il a prévalu pendant près d'un siècle dans les écoles normales d'instituteurs. Inversement et indépendamment de toute préoccupation explicite de formation professionnelle, la conception de la formation qui a cours dans l'enseignement secondaire trouve son plus haut accomplissement dans les classes préparatoires. La « valeur formatrice » des enseignements dispensés n'y est pas si éloignée qu'on pourrait le penser de la situation d'apprentissage. Ce qui se transmet dans ces classes à travers les connaissances « de haut niveau », c'est non seulement le savoir mais des manières de faire, des postures, des implicites, bref, tout un style et l'idiome du métier d'intellectuel. Dans cette transmission invisible de techniques intellectuelles, sorte de formation par compagnonnage, un maître produit son semblable : un disciple-futur-maître. Singulière école qui s'accomplit dans la production de professeurs, elle incarne un cas limite de la situation d'enseignement : les « savoirs » y sont transmis à des gens qui les transmettront à leur tour. Cette autoreproduction de l'école fait fond sur la relation maître-*disciple* et les processus d'identification. Elle ne saurait, bien entendu, constituer un modèle valable de la relation maître-*élève*, dans l'école publique dont la mission essentielle ne devrait pas être pervertie par cette logique quasi narcissique[12]. Le malentendu est à peu près complet entre l'une et l'autre approche de la formation des enseignants. Les rapports au temps, à la pratique professionnelle, à la culture de soi et à l'inculcation de valeurs y sont totalement différents. A plus forte raison, chacun de ces modèles diffère de celui en général en vigueur dans la formation professionnelle.

L'essentiel de l'incompatibilité semble aujourd'hui se concentrer autour du couple critique de valeurs « utile-gratuit », (ou encore « rentable-non rentable »). Tout semble tourner (dans les discours) autour de revendications inverses : les uns se réclament du privilège de la gratuité, au point de se croire dans l'intemporel, les autres revendiquent d'être dans l'utile au prix de tout

12. Sur cette tradition, cf. CANIVEZ (A.), *Jules Lagneau, professeur et philosophie*. Publications de la faculté des Lettres de l'université de Strasbourg, fasc. 148 et 148 *bis*, 1965 ; ALAIN, *Souvenirs concernant Jules Lagneau*. NRF, 1925. Voir aussi les témoignages des élèves d'Alain, notamment Jean PRÉVOST, *Dix-huitième année,* Gallimard, 1924, et le numéro spécial de la NRF, *Hommage à Alain,* sept. 1952.

jugement. Bref, on n'est d'accord sur rien sauf sur le fait de s'être entendu pour les rendre incompatibles. Il faudra pourtant bien trancher si l'on veut donner une assise solide aux instituts universitaires de formation des maîtres. Il ne suffira pas d'enterrer, avec tous les honneurs dus aux services rendus, le modèle du séminaire laïque qui a prévalu dans les écoles normales d'instituteurs. On ne peut songer sérieusement à lui substituer le modèle de la reproduction narcissique qui a servi à produire une élite intellectuelle. Suivra-t-on ceux qui déduisent de l'idée d'instruction publique une figure de l'enseignant-intellectuel ? Ou bien ajoutera-t-on autour de la maîtrise du savoir toute une série de compétences « supplémentaires », réputées indispensables à l'enseignant, dont l'addition ferait le programme des centres de formation[13] ?

On voudrait, pour finir, attirer l'attention sur l'essentiel, sans lequel on ne saurait concevoir une formation professionnelle des enseignants digne de ce nom. Aucun « métier » ne consiste en une simple occupation d'un poste de travail, ni même dans l'exécution d'une tâche purement technique. Ce métier encore moins que les autres. Il y faut de la technique, des techniques éprouvées et maîtrisées, sans doute, mais comme dans tout métier, « l'expérience » est nécessaire pour exceller. Il requiert du temps, et une conscience de la durée : il faudrait savoir reconnaître que « dans un monde qui change si vite », selon le cliché, on a d'autant plus besoin

13. Sur cette question, cf. ROMAN (J.), « La culture scolaire », *Projet*, n° 214, nov.-déc. 1988.

de cet exercice apparemment « anachronique », de prendre le temps de bien faire, et de préserver pour ceux qui arrivent le temps de bien apprendre. L'enseignement s'adresse aux écoliers dans un temps de leur vie, l'enfance, puis l'adolescence[14]. Cela implique de prendre le temps indispensable à leur éveil et à leur exercice, savoir conduire dans le temps leurs progrès, suspendre l'urgence et saisir les occasions, apprécier les durées où l'on se « hâte lentement ».

Selon Hannah Arendt, ce métier engage une double responsabilité. Celle du monde : les enseignants doivent en « répondre » devant les écoliers, ils sont auprès d'eux les représentants, les interprètes de la culture. Il y a, d'autre part, la responsabilité des enfants. Elle consiste à leur assurer ce qui est indispensable pour entrer dans le monde et devenir capables d'y entreprendre « quelque chose de nouveau ». Cette double responsabilité est d'ailleurs ce qui fait qu'on hésite si souvent à penser qu'enseigner soit un métier : n'est-ce pas là en effet une responsabilité des adultes en général ? La socialisation de l'éducation, qui tend à diluer cette responsabilité individuelle des parents, est bien ce qui exige des enseignants pour assumer cette tâche essentielle à la société. Ils portent une double responsabilité du temps : celle du passé dont il faut assumer la présentation et la mise en perspective que l'on doit aux nouveaux venus, celle d'un avenir qu'on n'a pas à inventer à leur place mais

---

14. Dans *Le principe responsabilité* (trad. fr. J. Greisch, Le Cerf, 1990), Hans Jonas remarque que ce qui caractérise l'éducation, c'est qu'elle est limitée dans le temps. Une fois l'enfant adulte, il n'est plus temps d'éduquer, et ce n'est que rétrospectivement qu'on peut dire l'éducation réussie ou ratée.

simplement à rendre possible. En ce sens cette responsabilité est résistance à la barbarie : aussi bien celle dont les nouveaux venus peuvent, en ignorance de cause, se rendre capables, que celle dont ils peuvent également être victimes si on les exclut de l'humanité. Dans les deux cas, on aura failli à l'exigence de les faire entrer dans la culture.

L'exercice du discernement

« Posséder » des connaissances théoriques est une chose, indispensable, mais non toujours suffisante pour faire un bon praticien. Il faut encore un « intermédiaire entre la théorie et la pratique », qui sache apprécier à quelle règle générale correspond, ou peut être soumis le cas singulier que rencontre précisément le praticien[15]. Il faut faire là preuve d'observation, de décision, tout simplement dit-il : de jugement. Il faut juger de chaque cas. En médecine, on appelle cela le « diagnostic ». C'est une sorte de décision, de décision juste.

Ce jugement pédagogique comporte trois « dimensions ». L'enseignant doit pouvoir apprécier s'il travaille bien à émanciper l'autre, s'il respecte sa liberté, si ce qu'il fait est pertinent par rapport à cette finalité de l'école : les Droits de l'homme et du citoyen. De cela

---

15. KANT (E.), *Sur l'expression : il se peut que ce soit juste en théorie mais en pratique cela ne vaut rien,* 1793, trad. fr., Vrin, 1972.

relève tout le travail sur le passage de la contrainte à l'obligation, du dressage à l'autonomie, et toute la justice nécessaire dans la conduite de la classe. En second lieu, il lui faut encore apprécier si ce qu'il dit, fait, et fait faire, est juste par rapport à la matière enseignée. Ce qui implique un discernement notionnel, une attention aux termes justes, un souci de ce qui est judicieux, une capacité à le faire comprendre, bref, l'imagination de sa compétence et la conscience de ses manières de faire. Il lui faut enfin et surtout apprécier en permanence si l'autre a compris. Non pas tant chercher à « connaître l'enfant » mais être attentif, savoir écouter et entendre ce que dit l'élève sur ce qu'il apprend. Être là encore, à la fois dans la justesse et la justice, dans le tact. C'est dans cette compétence cardinale de dire et de faire avec justice, justesse et tact, dans cette aptitude à saisir ce qui se passe du côté des élèves et à en juger que consiste essentiellement la pédagogie. Comme en politique, il y a en elle un art de l'occasion, des mots et des décisions. Dans un cas comme dans l'autre, « les mots justes sont de l'action ».

Cela s'apprend-il ? On nous accordera qu'une telle formation n'est pas possible sans une culture historique et philosophique susceptible de permettre au futur enseignant de donner sens à son action et à sa présence dans l'institution. Formation pédagogique, si l'on veut, à condition de s'entendre sur le terme. S'agit-il d'un ensemble de doctrines, de méthodes ou de procédés qui dispenseraient de penser par soi-même ? D'un commentaire détaillé des « instructions officielles », des programmes et des directives de l'inspection générale ? On sait que la pédagogie a pu être aussi cela. Mais telle que nous l'entendons c'est un art du jugement, un ensemble de questions vives suscitées par une tension entre le souci de l'écolier et une idée de sa liberté.

Cette idée de la pédagogie se défie des diverses formes d'amnésie infantile qui laissent entendre que les savoirs peuvent se transmettre « sans histoires ». Elle est aussi vigilante à l'égard des « leçons » d'une histoire écrite pour légitimer la culture établie. Entre les reconstructions des romans d'apprentissage et l'écriture de l'histoire, s'ouvre un espace où conjuguer pédagogie et philosophie. Un espace pour s'efforcer de « penser autrement » et de se déprendre des facilités d'un savoir que l'on répète sans l'exercer vraiment ou d'une position institutionnelle qu'on occupe en se dispensant de l'effort de *faire autorité*. Comment faire place à l'autorité, à l'autorité du plus savant ? La question est bien une question de « places ». L'enseignant occupe un lieu, qu'une institution a aménagé pour lui, et qu'il lui revient d'habiter. Il y a là, suivant des indications de Michel de Certeau, le principe d'une éthique et d'une poétique. D'abord, ne pas prendre la place de l'autre, l'élève, « ne pas céder à ce désir captateur du savoir de couvrir la place de l'autre, d'en décider à l'avance par l'indication d'un certain nombre de pratiques, de réponses, etc.[16] ». Mais cette question de places est destinée à rester ouverte. La « poétique théorique » — le style qui caractérise une manière d'habiter le lieu du savoir et de faire autorité — se constitue en posant ses limites : « Le poème ne répond pas à vos questions. Peut-être

16. DE CERTEAU (M.), *École et cultures*. Cahiers de la Section des Sciences de l'Éducation, n° 13, Genève, 1979.

qu'il en déplace l'énoncé. Mais c'est vous qui prenez en charge un certain nombre de solutions, d'expériences qui ont aussi valeur théorique. C'est un rapport d'autre à autre. » Le même auteur a ainsi défini une parole enseignante totalement libérée d'un souci de reconnaissance qui pèse si lourdement sur les élèves : « Il parle pour l'Autre, comme on parlerait à son bonnet, en pure perte. Mais il parle "grâce à" cette foule iconoclaste qui brise et disperse l'image de lui-même qu'il pourrait attendre en retour de ce qu'il lui fait produire. [...] "Il" dépend d'auditeurs dont, en principe, il n'espère ni son plaisir ni son identité[17]. »

La pédagogie n'est pas un savoir à ajouter aux autres savoirs. C'est le savoir, altéré, parce que faire place à l'autre ce n'est ni couvrir sa place ni déterminer d'avance ce qu'elle sera. Et faire autorité c'est reconnaître les limites de sa propre place. Il ne s'agit donc pas de jouer, contre la pédagogie, le coup du monopole d'un esprit critique réservé aux seuls philosophes par on ne sait quelle grâce d'état[18]. On ne se délivre pas de la question de l'autorité en se posant en donneur de leçons. Mais on ne se libère pas non plus de la question du sens en s'abandonnant à une confiance aveugle dans les techniques de la transmission.

C'est bien pourquoi l'ensemble pluridisciplinaire des « sciences de l'éducation » (dénomination qui s'est substituée à l'université au « vieux mot » de pédagogie) ne

17. DE CERTEAU (M.), « Lacan : une éthique de la parole », in *Histoire et psychanalyse entre science et fiction,* Gallimard, 1987.

18. RANCIÈRE (J.), « Nous qui sommes si critiques ? », in *La grève des philosophes,* Osiris, 1984.

doit pas susciter le même genre d'enthousiasme déraisonnable que telle ou telle méthode pédagogique supposée pouvoir résoudre tous les problèmes. Certes les connaissances qu'elles dispensent, dans leur variété même (psychologie, sociologie, didactiques, etc.) peuvent contribuer à éclairer les divers aspects de l'acte d'enseignement. Il est juste d'opposer à la vieille rengaine sur l'aspect ineffable de l'art d'enseigner la nécessité d'une solide culture technique. Les savoirs et les savoir-faire requis par l'enseignement sont multiples et, en la matière non plus, nulle ignorance n'est utile. Reste que tout n'est pas rationalisable dans la relation d'enseignement, et que les procédés, les méthodes, les techniques ont leurs limites. Les sciences de l'éducation ne peuvent faire sens que sur le fond d'une mise en perspective, toutes les connaissances et les compétences professionnelles accumulées ne sont rien sans la qualité cardinale que réclame le métier : l'exercice du jugement.

La considération, la reconnaissance, le prestige reconquis passent par une meilleure formation, un salaire plus conséquent, des conditions de travail moins inconfortables. Mais tout cela ne sauvera jamais ceux qui n'auraient ni culture ni éthique. C'est pourquoi il faut se méfier d'un consensus général sur la formation où pourraient se reconnaître aussi bien ceux qui ne veulent pas entendre parler de « pédagogie » que ceux qui croient un peu stupidement qu'une « théorie », une « méthode », une « technique » peuvent dissiper la difficile incertitude du métier d'enseigner. Avec les uns et les autres on pourrait à la rigueur reconstituer un corps de « répétiteurs » : d'un côté des « savants », patientant à la porte des universités ou des laboratoires, qui condescendent à cotoyer des enfants en attendant mieux et parce qu'il faut bien vivre ; de l'autre des moniteurs enthousiastes d'enseignement assisté par ordinateur. Ils auraient peut-être quelque utilité dans l'institution mais ils ne constitueraient jamais ce corps d'enseignants auquel les écoliers ont droit.

8

LE TEMPS DES ÉCOLIERS

Que nous le voulions ou non, nous sommes entrés dans l'ère de la formation continue, *permanente*. Il y a peu, Ivan Illich, conscient des risques de cette conjoncture nouvelle, préconisait une « société sans école ». Notre problème est bien plutôt de limiter l'école pour clarifier sa place par rapport à celle de la formation. Il s'agit bien de distinguer ce qui relève d'un processus désormais coextensif à tout le temps de la vie, de ce qui n'en constitue qu'une préparation. Mais limiter l'école, c'est aussi et surtout faire place à l'enfance. Derrière la clarification des enjeux sociaux et institutionnels et la distinction entre formation initiale et formation continue, se profile le souci de retrouver autant que faire se peut le sens de la différence entre l'enfant et l'adulte. Tout se passe comme si l'école était devenue prisonnière d'un processus qu'elle a elle-même engendré. Fabrique d'écoliers de plus en plus jeunes (la maternelle) ou de plus en plus grands (le lycée, l'université), elle a contribué à rendre perceptible une croissante distinction des âges. Petits, moyens, grands, pour parler le langage de la maternelle, préadolescents, jeunes, jeunes adultes que sont les étudiants, les structures et les programmes de l'école distribuent la population juvénile en classes d'âges. Mais ce retard de l'entrée dans la vie active, résultat du triomphe de la scolarisation, s'accompagne, à rebours, d'une anticipation de plus en plus précoce des préoccupations adultes, à commencer par celle de la réussite. Certes, les enfants aspirent à devenir grands. Mais il faut être bien fou pour pervertir ce désir par une angoisse de l'avenir. Certes, le bébé est une personne et l'adolescent aussi, mais à leur manière qui n'est possible que si les adultes, eux aussi, sont des personnes. A tant les voir s'inquiéter à l'idée que « tout se joue avant six ans » on finirait par en douter. Car, ici, la responsabilité n'est pas celle des seuls enseignants. C'est aussi, et d'abord, celle des parents et des adultes dans leur ensemble. Et en ces temps d'incertitude, c'est à l'institution créée expressément pour permettre aux élèves de s'élever, de mûrir, de se cultiver en étudiant qu'il revient de tenir bon face à toutes les pressions familiales ou sociales et, dans les écoliers, de protéger l'enfance.

Histoires d'enfances

En dépit de tous les discours qui les célèbrent, les enfants sont des sortes d'étrangers comme on peut le voir dans l'invention, commercialement exploitée, d'un « monde de l'enfance », ou dans le désarroi de nombres d'adultes, non pas tant en conflit avec les enfants (cela est bien ancien), mais perdus devant eux, soumis aux slogans éducatifs, culpabilisés, versatiles dans leurs choix, alternant l'autoritarisme ou la démagogie sans trouver de juste fermeté devant ces êtres qualifiés tantôt d'« adorables », tantôt de « petits monstres » ! Paradoxalement cette nouvelle représentation de l'enfant, qui succède à l'image du « barbare », lui attribue une « nature » tout aussi étrangère.

Or cette succession de figures, la perte de sens commun en matière d'éducation, les artifices ingénieux ou aberrants, inépuisables apparemment, de la pédagogie (on imagine que bien souvent, les gosses, soumis aux fantaisies variables des pédagogues, se demandent avec quelque « philosophie » : « Qu'est-ce qu'ils ont encore inventé aujourd'hui ? »), tout cela confirme précisément qu'il n'y a rien de « naturel » dans les comportements devant l'enfance, au sens où la relation à l'enfance serait aussi biologiquement déterminée que les soins à apporter aux nourrissons.

L'éducation n'est pas l'élevage. L'humanité, comme le formulait Kant, est bien confiée à l'humanité. D'où ce désarroi qui explique la vogue de toutes les théories (implicitement contredites par l'angoisse désorientée qu'elles colmatent à bon compte), qui cherchent leurs certitudes dans l'absolu d'une nature ou d'une technique. On conjugue sans souci de cohérence l'idée qu'on ne peut rien, avec celle qu'on pourrait désormais tout, pour peu qu'on accepte telle dernière vérité sur l'enfant. Les simplifications rassurent. Le biologique dispenserait de penser, les techniques d'avoir du jugement.

L'enfance n'est pas un « état de nature », mais un devenir socialisé. L'idée d'enfance a une histoire qui varie selon les époques, les lieux et les milieux sociaux justement parce qu'elle est une relation au monde et à l'autre. Cette histoire, Philippe Ariès l'a écrite :

l'enfance comme âge naît à la Renaissance[1]. Elle advient comme période différenciée, objet de sollicitude, enjeu des églises, foyer des familles. Sa vulnérabilité, son incomplétude sont « découvertes », inventées, produites — et c'est sans doute un « progrès », mais il n'a rien de « naturel » —, elles sont l'occasion, l'objet et la raison d'être d'un souci éducatif.

Objet social nouveau pour les propagandes concurrentes des clergés ou la pédagogie naissante, l'enfance a suscité des discours d'instruction publique, de redressement, d'éducation, d'endoctrinement, de charité, d'action sociale, etc. A l'action pédagogique, il fallait un support auquel attribuer les résistances, les échecs, les déceptions. L'enfant n'était pas bon mais il fallait penser l'éducation comme toute puissante. Enfin Rousseau vint qui proclama l'innocence de la nature et de l'enfance, préconisant d'autres manières.

Pour être cavalière, cette présentation met en évidence le paradoxe qui sous-tend les variations historiques ou doctrinales des discours sur l'enfance : la conviction que l'éducation peut tout ne conduit-elle pas, à la limite, à la disparition de la notion d'enfance, sinon comme table rase sur laquelle n'importe quoi s'imprimera ? S'y ajoute l'ambivalence morale de l'enfant, d'abord marqué par le péché originel puis considéré comme bon par nature. Il revint à Kant d'affirmer que l'enfant est l'un et l'autre à la fois et qu'il doit conquérir son destin. S'il est barbare, selon Kant, cela ne résulte de nulle faute. C'est un fait sans fatalité et une exigence : il doit être

1. ARIÈS (P.), *L'enfant et la vie familiale sous l'Ancien Régime*, Seuil, 1975.

civilisé. L'accomplissement même de ses capacités passe par cet apprivoisement, cette discipline, extérieure puis plus tard intérieure de forces, qui doivent être réglées de telle sorte qu'il ne se nuise pas à lui-même, et puisse les dominer et les guider. Le propos de Kant tient à un point essentiel : il n'y a pas de déterminisme définissant le devenir humain. La nature n'a pas déterminé les fins de l'espèce, c'est à l'humain de déterminer ses propres fins. *A fortiori*, pas de nature enfantine : elle est confiée à la génération qui l'a engendrée, à ses imperfections, mais aussi à sa perfectibilité, à sa responsabilité. Du coup, Kant définit l'enfance relativement, en termes de minorité, ce qui implique une responsabilité.

En conséquence, vouloir connaître l'enfant sans avoir pensé la fin de ce devenir, sans chercher à penser l'être enfant en rapport avec l'être humain, n'a aucun sens. On voudrait régler l'éducation sur la connaissance de l'enfant. Mais une véritable psychologie de l'enfant devrait plutôt être une psychologie de l'enfance, intégrée à une psychologie « globale ». Ni pratiquement, ni théoriquement, on ne peut ni ne doit penser l'enfant à part de l'être humain. L'enfance doit être pensée relativement.

Enfance et culture

L'enfance est rapport au monde. Si barbare qu'on veuille le considérer, l'enfant est toujours déjà dans la culture. La barbarie n'est pas asocialité mais bel et bien un mode de relation à l'autre dont le civilisé est aussi responsable. Car la spécificité de l'enfance réside dans un rapport de dépendance à l'autre. Contrairement à ce que l'on croit, l'enfant n'est pas dans une relation immédiate avec les choses : non seulement son accès à lui-même dépend de l'évolution de sa relation à autrui, son individuation est émancipation par étapes d'une relation initialement fusionnelle, mais son rapport aux choses est médiatisé par la langue qu'on lui parle, les exercices et les actions qu'on lui destine, réserve ou autorise. L'enfance est un type ou un ensemble de modes de relation qui, dans des crises diverses, trouvent leur devenir et leur dépassement. En penser les étapes, les comportements possibles, les traits significatifs demande donc d'envisager les manières d'être au monde dont l'enfant fait l'expérience dans des interactions familiales et sociales données. C'est ce qu'indique Merleau-Ponty quand il signale : « ... il faut comprendre à la fois que le drame individuel a lieu entre *rôles* déjà inscrits dans l'ensemble institutionnel, que donc, depuis son début dans la vie, l'enfant procède, par la simple perception des soins qu'on lui donne et des ustensiles qui l'entourent, à un déchiffrement de significations, qui d'emblée généralise son drame propre en drame de sa culture — et que, cependant, toute la conscience symbolique élabore en fin de compte ce que l'enfant vit ou ne vit pas, souffre ou ne souffre pas, sent ou ne sent pas, de sorte qu'il n'est pas un détail de son histoire la plus individuelle qui n'apporte quelque chose à cette signification sienne qu'il manifestera quand, ayant d'abord pensé et vécu selon qu'il croyait bon de le faire, et perçu d'après l'imaginaire de sa culture, il en vient enfin à renverser le rapport et à glisser dans les significations de sa parole et de sa conduite, à convertir en culture, jusqu'au plus secret de son expérience[2]. »

Que signifie donc le fait « d'avoir » une enfance ? Dans la *Poétique de l'espace,* évoquant l'espace vécu de la maison, « cette maison du souvenir-songe perdue dans l'ombre d'un au-delà du passé vrai », Bachelard écrit de façon incidente : « L'enfance est certainement plus grande que la réalité. » Cette phrase, énigmatique est un peu éclairée par son contexte : « La maison natale est plus qu'un corps de logis, elle est un corps de songes [...]. La positivité de l'histoire et de la géographie psychologique ne peut servir de pierre de touche pour déterminer l'être *vrai* de notre enfance[3]. » Mais à son tour cette phrase est certainement plus grande que cette explication. Elle suggère une irréductibilité du souvenir au savoir, du subjectif à l'objectif, de la poésie à la science, de la compréhension à l'explication. Il y a une vérité des lieux de l'enfance qui n'est pas celle de l'intellect mais de la poésie. Les retrouvailles de notre enfance, aucun savoir objectif, aucune réduction ne nous les donnera, pas plus que la mémoire volontaire ne

2. MERLEAU-PONTY (M.), « Philosophie et sociologie », in *Signes,* p. 123 sq, Gallimard, 1960. Sur cette question : en quel sens l'enfant est-il une personne ?, et dans une perspective voisine, Paul Ricœur montre comment la notion de personne n'est pas réductible à ses seules dimensions « psychologiques » mais implique d'emblée la dimension de l'institution. (RICŒUR (P.), « Approches de la personne », *Esprit*, n°s 3-4, mars-avril 1990). De manière générale, la réflexion sur l'éducation est, dans la tradition française, fortement limitée par une fausse alternative entre approche philosophique et perspective sociologique qui laisse le champ libre à une psychologisation abusive de la question des rapports adultes-enfants.

3. BACHELARD (G.), *Poétique de l'espace,* PUF, 1968.

retrouve, selon Proust, le temps perdu. L'enfance est « plus grande ». Quelque chose échappe à ces saisies inadéquates, et parfois vaines. Retourner sur les lieux ne suffit pas à retrouver le temps passé, ni l'espace habité. Le temps est irréversible et cet univers n'est plus localisable. Seul le hasard, ou les puissances du langage, non le pèlerinage sur les lieux désenchantés, restituent l'espace propre de l'heure révolue. L'espace enfui du temps perdu échappe à l'esprit des géométrisations volontaires.

L'enfance n'est jamais rien d'autre que *notre* enfance. C'est en parlant de son enfance que Bachelard s'autorise, comme sans y prendre garde, à parler de « l'enfance ». De l'enfance on ne parle jamais que subjectivement. Sous ce terme, nous rêvons de nous-mêmes, et tentons de donner forme à notre rapport à la perte, au révolu, à notre finitude. Sans donner crédit à une vue aussi naïve que conventionnelle de l'enfance comme paradis perdu, il faut cependant convenir que l'enfance, pour l'adulte, est inséparable d'une certaine nostalgie. Elle ne nous parvient jamais que rétrospectivement. L'enfance n'est pas pour l'enfant. Elle est pour l'adulte. L'enfant qui dit, sur un certain ton, « je suis un enfant », reproduit le discours de l'adulte, avec quelque perceptible inauthenticité. S'il se vit indéniablement comme non-adulte, il ne se connaît pas comme enfant. Il est des enfances malheureuses. Mais, paradis ou non, toutes se donnent à la conscience adulte comme ce qui est perdu. Pour l'enfant, l'enfance est le temps où le temps ne se donne pas encore comme perdu, passant, irréversible.

Un « j'aurais pu » ou « tu pourras », un « je n'ai

pu », ou « tu feras », ou « il aurait fallu » et « tu devras » accompagnent tout regard sur l'enfance. Autrement dit, toute considération sur l'enfance est non seulement une rétrospective, mais une évaluation de ce qu'on est devenu. D'où la tentation de déléguer à l'autre, encore au temps des promesses, la tâche d'accomplir ce qu'on juge ne pas avoir pu être. Le temps de l'enfance est non seulement celui qu'on a dû laisser échapper pour soi, mais si l'on n'y prête garde, celui qu'on voudrait abusivement saisir pour l'autre.

Si l'enfance est imaginaire, on se la rappelle aussi comme imaginante. « Quand j'étais môme, je croyais que... » Il faut se souvenir de cela auprès des enfants, non pas du tout pour les entretenir dans leurs croyances, mais pour pouvoir les aider à opérer la construction du réel. Savoir se souvenir de la dimension imaginante de l'enfance, c'est en retrouver le goût et le retrouver chez les enfants : goût des histoires, goût du langage, émerveillement des récits et des mots. Cette dimension imageante ne doit pas être insultée de ridicules histoires plus infantiles qu'enfantines. Mais ouverte aux trésors de l'imaginaire humain. C'est dire et faire entendre les mots des émotions, ce que rien ne dit mieux que la littérature. Se souvenir de cette dimension, c'est encore comprendre qu'« ils » ne comprennent pas, c'est être capable de retrouver l'étrangeté de ce qui nous est devenu familier. C'est enfin veiller à développer sur des axes différents l'imaginaire et la construction du réel. Ce point est particulièrement décisif aujourd'hui où la présence massive du spectacle télévisuel, en même temps qu'elle entretient l'indistinction entre réel et imaginaire, travaille à rendre de moins en moins perceptible la différence entre enfant et adulte.

Dans un article au titre fort suggestif « L'enfant adulte et l'adulte enfant, la fusion des âges à l'ère de la télévision[4] », Joshua Meyrowitz, après avoir rappelé que l'invention de l'enfance fut contemporaine de celle de l'imprimerie, analyse toutes les conséquences de la présence du petit écran dans les foyers. Il ne s'agit pas seulement, comme le font bon nombre d'éducateurs, de déplorer que la télé fatigue, abrutisse, pervertisse les enfants. De stigmatiser la débilité des programmes qui leur sont consacrés, le risque que représentent les émissions pour adultes sur lesquelles ils peuvent tomber, avec leur cortège de violences ou d'immoralités en tout genre. Voire, de pointer les différences considérables qui séparent l'effort intellectuel en jeu dans l'activité de lecture et l'accoutumance à la passivité, la soumission aux images, la paresse qu'alimente la consommation prolongée d'audiovisuel, bref d'opposer le programme moral, intellectuel et culturel de l'école à ceux de la télé. Plus radicalement, la différence entre le livre et la télévision modifie les conditions de socialisation de la jeune génération. On s'intègre progressivement à une société et à une culture en s'appropriant des savoirs, en accédant à des informations. Accès gradué, marqué par des étapes propres à chaque âge. Ainsi vont les programmes scolaires : ce qu'on apprend en quatrième n'est pas encore ce dont on sera instruit seulement si l'on passe

4. MEYROWITZ (J.), « L'enfant adulte et l'adulte enfant », *Le Temps de la réflexion,* 1985 ; cf. aussi POSTMAN (N.), *Il n'y a plus d'enfance, op. cit.*

en troisième, et les leçons d'histoire du primaire ne sont pas celles du collège[5]. L'instruction publique organise cet accès réglementé au savoir-faire, aux informations et aux connaissances jugées élémentaires, souhaitables ou nécessaires. Plus généralement, dans la société et dans la sphère de la vie privée, le partage du savoir peut faire l'objet d'interdits. Il y a des secrets réservés aux adultes, des choses dont les enfants n'ont pas à être informés, des livres qui ne doivent pas tomber entre leurs mains. On sait que, dans notre démocratie de libre expression, l'ultime forme de censure de l'imprimé est justifiée par une loi concernant les « publications destinées à la jeunesse ». Dans la tradition des Lumières, le livre est à la fois le vecteur et la métaphore de la distinction entre adulte et enfant. Cette logique est radicalement bouleversée par la télévision, source indifférenciée d'informations, de spectacles, de savoirs et d'émotions. La culture télévisuelle s'accomplit dans ce qu'on nomme si justement les « variétés », conçues pour pouvoir être regardées « en famille ». Mais, au-delà, par le canal de cet appareil qu'ils savent très précocement mettre en marche tout seuls, les bambins sont introduits aux soucis politiques de la planète et initiés au spectacle des passions « adultes ». Si l'on suit Meyrowitz, c'est l'emprise et l'empire croissant de la télévision sur la vie familiale et privée qui explique la progressive fusion des âges.

5. C'est de cette logique du cursus, qui consiste à différer l'accès à certains savoirs, que l'enseignement philosophique français a tiré une part non négligeable de son prestige et de son éminence. Sur ce point, voir DOUAILLER (S.), MAUVE (C.), NAVET (G.), POMPOUGNAC (J.-C.), VERMEREN (P.), *La philosophie saisie par l'État*, Aubier, 1988.

Dans la trouble lumière bleutée des livings s'obscurcit le rapport entre les générations. A l'indistinction du réel et de l'imaginaire, souvent pointée, s'ajoute la mise en jeu des relations du désir et du conflit, du savoir et du secret, relations qui structurent l'accès au monde symbolique et au statut de sujet. La télévision, plus que tout autre média (comme la presse, le cinéma ou la radio) est grosse d'un bouleversement culturel aussi considérable que le fut l'apparition de l'imprimé, et dont il se peut que nous n'ayons pas pris toute la mesure.

Jeunesse et générations

Ainsi l'idée même d'enfance est affectée par les progrès du paradigme de l'individu. Et, dans la modernité démocratique, l'école aussi change de statut. L'ensemble des rapports sociaux entre adultes et enfants subit les contrecoups d'une évolution des structures familiales, de la démographie, des nouvelles technologies de la procréation, de l'invention, par les industriels et les publicitaires, d'un « marché de l'enfance », etc. L'idée négative ou privative de l'enfant n'a pas disparu : il reste un être faible et dépendant à protéger, un prématuré à entourer de soins. Mais s'est peu à peu concrétisée socialement l'idée, qui s'est fait jour depuis la Renaissance ou Rousseau, d'une positivité de l'individu enfant. Cette ambivalence est, selon Marcel Gauchet, un symptôme particulièrement caractéristique de l'individu de la modernité démocratique : en même temps qu'on affirme sans cesse son indépendance par rapport à des modèles traditionnels, son autonomie face à des autorités en voie d'épuisement, sa spontanéité et sa créativité, il est toujours plus encadré, pris en charge, assisté dans des réseaux qui fondent leur raison d'être sur une dépendance qu'ils contribuent, à leur tour, à renforcer[6].

Prolongation de la scolarité et coupure prolongée entre enfants et adultes sont longtemps allées de pair. Mais aujourd'hui, le rapport s'est inversé. La jeunesse se distingue autant de l'enfance que de l'âge adulte. En effet, si l'entrée dans la vie active recule, d'autres aspects jusque-là caractéristiques de la vie adulte s'anticipent : propriété et consommation individuelles, précocité sexuelle et cohabitation juvénile, précocité sociale (conduite d'automobiles, droit de vote et même un certain rapport au travail, etc.). Aussi l'école ne suffit-elle plus à conférer une identité à tous ceux dont l'entrée dans la vie adulte est différée. Si, dans les années soixante et au début des années soixante-dix, ce qu'il est convenu d'appeler la « contestation » a signifié au plus haut point le conflit entre de nouvelles formes d'identité culturelles propres aux jeunes générations et la transmission scolaire, elle n'en a pas moins été aussi une solution de ce conflit. Le militantisme politique a pu alors constituer un moyen d'intégration sociale et même d'éducation si l'on entend ce terme en son sens fort, selon lequel éduquer c'est maintenir une permanence tout en préservant les chances de renouveau que peut apporter une nouvelle génération. Ce clivage entre

6. GAUCHET (M.), « L'école à l'école d'elle-même. Contraintes et contradictions de l'individualisme démocratique », *Le Débat*, n° 37, nov. 1985.

culture scolaire et attitudes culturelles des jeunes s'est aujourd'hui déplacé mais n'en est pas moins vivace. Sous des formes sans cesse renouvelées il impose de reconnaître l'irréductibilité de ce conflit culturel des générations.

Redonner tout son sens à la culture scolaire, comme nous l'avons proposé, ce n'est pas ignorer ce conflit. Mais cerner les formes nouvelles que prennent, dans une société individualiste, les tâches traditionnelles de l'école. Dans son isolement et son autonomie croissants l'individu résulte d'appartenances multiples, éclatées. L'école, pas plus que la famille, le milieu social ou le groupe des pairs ne saurait fournir d'identité stable et exclusive. Mais elle est la seule à pouvoir doter les jeunes de cette culture partagée qui permet de s'y retrouver dans le jeu des identités multiples et des appartenances contradictoires. La société démocratique produit une nostalgie des racines et des identités qui explique le succès de toutes les formes de repli communautaire (folklore et commémorations, mais aussi sectes ou intégrismes). La laïcité qui définit l'école doit la préserver de ce mouvement et l'assurer dans son rôle de transmission des repères cardinaux d'un vivre ensemble et d'une citoyenneté. Avec l'adolescence et la jeunesse d'autres exigences politiques et culturelles se font jour. Ainsi, si l'école doit d'abord « protéger » du politique (comme des lois du marché et des exigences sociales), c'est pour mieux y introduire ensuite, y préparer en exerçant à la délibération sur les affaires communes. A la culture de l'enfance doit donc progressivement succéder une autre dimension de la culture scolaire : la participation des jeunes scolarisés aux délibérations internes à l'établissement d'enseignement et, plus largement, à la vie de la cité. La justice veut que le temps de formation prolongé ne signifie pas un allongement de l'enfermement dans un statut de minorité. Et, d'ailleurs, la distance entre la culture scolaire et les cultures jeunes requiert que, pour instruire, un dialogue conflictuel puisse s'engager. C'est pointer de nouveau la question des limites de l'école. Si l'école et les enseignants doivent, en effet, assumer un minimum de conflictualité avec leurs publics (et donc accepter le débat), c'est à condition de ne pas hypothéquer leurs missions propres. Cela serait rendu plus facile si les autres institutions en rapport avec la jeunesse prenaient pleinement en compte les tâches de socialisation qu'elles accomplissent peu ou prou « sauvagement ». Industries culturelles, médias, centres de loisir, mais aussi entreprises et bon nombre de services publics devraient y être associés. La jeunesse doit cesser d'être le monopole de l'école. Inversement, l'école doit cesser d'être le monopole de la jeunesse : il n'y a aucune raison de penser qu'au-delà de l'enfance l'âge doive régler les progressions scolaires. Reconnaître à la jeunesse un statut social de plein exercice et permettre à tous ceux qui le souhaitent d'acquérir les outils conceptuels dont ils ont besoin sont deux tâches qui vont de pair. Dans ce processus, sans lequel la démocratie n'est qu'un vain mot, l'école a une mission essentielle et fondamentale, mais une mission limitée. C'est, sur la base d'une responsabilité clairement identifiée, sa capacité à collaborer avec d'autres partenaires qui sera décisive.

Passe ton bac d'abord !

Limiter l'école c'est aussi penser selon sa spécificité le temps des écoliers. Tel est, en définitive, le sens profond de l'école. S'il fallait un slogan ce serait celui-ci : « Laissez leur le temps de l'enfance et le loisir de l'étude. » Ce temps (l'enfance), cette activité (l'étude), cette rencontre avec ces autres que sont les pairs et les adultes enseignants sont vitaux pour une société. A condition toutefois de faire place à l'autonomie de l'enfant, tant à l'école que dans la famille. Comme le notait Bachelard, « les parents abusent souvent plus encore de leur savoir que de leur pouvoir ». Et de stigmatiser cette étrange méthode d'éducation qui fait appel à des formules comme « mon petit doigt me l'a dit ». Il faut en déployer toutes les conséquences. Cet abus de pouvoir consiste d'abord à refuser à l'enfant la possibilité du secret, le droit, pour lui aussi, de vivre caché, de faire l'expérience de la solitude. Or, poursuit Bachelard, « l'omniscience des parents, suivie bientôt à tous les niveaux de l'instruction par l'omniscience des maîtres, installe un dogmatisme qui est la négation de la culture ». Cette omniscience sait se faire prophétique et opposer aux « folles espérances de la jeunesse » une prétendue connaissance de l'avenir énoncée au nom du passé. « Or, les conditions du progrès sont désormais si mobiles, que "l'expérience de la vie" passée, si une sagesse pouvait la résumer, est fatalement un obstacle à surmonter si l'on veut diriger la vie présente. Le *mentor*, même s'il ne s'impose pas des interdictions pures et simples, ne propose souvent qu'une *rationalisation de l'avenir,* soit dit dans le sens où la psychanalyse taxe de "rationalisation" les explications conscientes qui méconnaissent les véritables raisons inconscientes d'un acte[7]. » Kant aussi écrivait qu'on doit élever les enfants non en fonction du présent mais en vue de l'avenir. Mais si l'expérience est de peu de poids, et même un obstacle pour diriger la vie présente, c'est seulement dans les domaines où peut avoir cours l'idée de progrès. Ce progrès, nous savons désormais qu'il n'est pas incompatible avec le retour de la barbarie. C'est pourquoi l'expérience du passé n'est pas seulement ou pas toujours simplement un obstacle. Ou plutôt, elle appartient à la catégorie des « moyens-obstacles », ces choses qui peuvent être tantôt les meilleures, tantôt les pires et dont la transmission demande d'autant plus de tact qu'est ambivalent le couple que forment le progrès de la civilisation et le retour toujours possible de la barbarie. Il ne faut pas du passé faire table rase, mais cultiver la mémoire qui met en perspective le présent. Et faire place en même temps aux « folles espérances de la jeunesse » pour libérer l'avenir des prophéties dogmatiques : « plus on est âgé, plus on se trompe sur les possibilités de vie de la jeunesse. Il conviendrait donc, tout le long d'une vie d'éducateur, de dénoncer un *complexe de Cassandre* qui obscurcit l'examen des possibilités, qui dévalorise, comme dit le poète "l'or du possible". Par bien des côtés ce complexe de Cassandre arme un sadisme d'éducateur. L'avenir prophétisé est une sanction qui paraît sans réplique[8] ». Ces sanctions sans répliques tendent vers l'abus de pouvoir des éducateurs. Celui des

7. BACHELARD (G.), *L'engagement rationaliste,* PUF, 1970.
8. *Ibid.*

parents qui entendent décider de la vie de leurs enfants — « tu seras médecin », « tu ne seras jamais qu'un imbécile », « tu finiras bien par... », et bien sûr : « passe ton bac d'abord ! » — celui des enseignants qui tranchent sans appel un destin scolaire qui pèse lourdement sur l'entrée dans la vie, celui de la société tout entière lorsqu'elle impose à sa jeunesse les seules valeurs de l'utilité et de la performance. Elles sont le symptôme d'une sourde défiance des adultes, rarement explicitée, qui est le plus souvent déniée dans une apologie démagogique de la jeunesse et une mièvre célébration de l'enfance.

Le droit d'être enfant

Face à cet abus de pouvoir qu'est la « rationalisation de l'avenir », le discours sur les droits de l'enfant peut laisser perplexe. Pleinement justifié là où l'enfance est vraiment en danger (enfants maltraités, soumis à la violence, condition enfantine dans de nombreux pays du tiers monde) — mais on ne voit pas là de droits spécifiques, seulement une application des Droits de l'homme en général — ce discours dérape lorsqu'il érige l'enfance en absolu et tend à la sacraliser. Tout se passe comme si, sous couvert de protéger l'enfance, on l'enfermait ainsi davantage dans un carcan d'obligations, qu'on appelle droits. Le principal et sans doute le seul droit vraiment spécifique de l'enfant, c'est celui d'exister comme tel, dans le temps qui est le sien. Cela exige que les adultes cessent de se mirer dans une enfance-reflet, où ils l'étouffent entre leur nostalgie et l'anticipation de son avenir. L'angoisse des adultes, dans un monde qui ne connaît plus d'espérance religieuse et qui se défie à bon droit de l'utopie politique, se projette sur l'enfance comme moyen de triompher de la mort et de figurer un ersatz d'éternité. Il ne leur suffit plus que l'enfance soit programmée, décidée, il faut encore qu'elle soit définitivement circonscrite. On ne reviendra pas sur les acquis majeurs que sont, du point de vue de l'émancipation des femmes, la contraception et la liberté de l'avortement. Mais cela ne saurait empêcher de réfléchir que cette liberté nouvelle se paye d'une responsabilité nouvelle aussi. On se rappelle l'affiche du MLAC des années soixante-dix, où l'on voyait un nouveau-né brandir une pancarte : « c'est tout de même plus chouette de naître quand on est désiré » ; est-ce si sûr ? N'est-ce pas conférer à l'enfant le poids d'une charge imaginaire trop lourde pour lui ? Il faudrait sans doute que nous renoncions à attendre des enfants qu'ils nous ressemblent et qu'ils nous rachètent, qu'ils nous remplacent et qu'ils nous dépassent, qu'ils nous comblent et qu'ils nous survivent.

Ainsi, du châtiment, ou de la punition : que de frustrations, d'amour insu et surtout non dit dans tant de coups reçus par les enfants, tous les psychiatres le diront. Ce qui ne justifie pas la violence. Mais ce qui n'autorise pas non plus à toutes les assimiler, à mettre une simple taloche sur le même plan qu'un tabassage régulier[9]. Et surtout, ce qui n'autorise pas les abus au nom de l'amour des enfants, ce chantage affectif permanent auquel

9. Cf. BERGERET (J.) et allii, *Quand et comment punir les enfants*, ESF, 1989.

on se livre en toute bonne conscience dans nombre de familles, et qui s'avère plus destructeur, voire plus meurtrier qu'un conflit effectif, fût-il parfois violent.

Si la sévérité est nécessaire, il importe qu'elle soit juste. Tout le monde convient, ou à peu près, qu'il faut juste assez d'autorité pour que l'enfant puisse se construire en s'opposant. Mais comment peser la dose prescrite et marquer la limite au-delà de laquelle l'autorité cesse d'être valable ? Cette frontière est perceptible, du côté des jeunes, lorsque l'éducateur cesse de leur apparaître comme « sévère mais juste ». « C'est pas juste », telle est, dans le vocabulaire des enfants, la formule canonique qui signale le risque permanent d'abus de pouvoir. Un sociologue rompu à l'analyse de la relation pédagogique notait « justement » : « Ça c'est juste, ça c'est pas juste ; y nous méprise... » sont les expressions qui reviennent en permanence dans les entretiens. L'établissement scolaire est un lieu de culture politique où se mettent en place les catégories par lesquelles les individus vont appréhender toute vie sociale[10].

Mais il n'est pas d'injustice que scolaire, et il y a bien des manières d'entendre la plainte répétée du « c'est pas juste ! ». Même si elle n'est pas toujours formulée à bon escient (les jeunes aussi se trompent ou exagèrent), on peut soupçonner que le message s'adresse d'abord à l'ensemble des adultes, pour leur signifier : ce qui n'est pas de jeu, c'est que vous ne jouiez pas votre rôle ! Qu'il exprime à quel point les jeunes voient dans leurs aînés

10. DEROUET (J.-L.), contribution au colloque « Enjeux scolaires, enjeux sociaux », *Intervention,* n° 14, oct.-nov.-déc. 1985.

des gens qui n'ont pas grandi, prisonniers du mythe de l'éternelle jeunesse. Et qu'ils en ont assez de payer au prix fort le fait d'avoir été des enfants désirés. De jouer les faire valoir de parents formidables, d'être les témoins de leur narcissisme tantôt inquiet, tantôt satisfait. Ce qui serait juste, alors, c'est que les adultes acceptent, comme on le faisait avant eux, de prendre place dans la succession des générations. Car s'il n'y a plus de parents, il n'y a plus d'enfants.

« Il n'y a plus d'enfants ! » On connaît le sens habituel de la formule : « les jeunes ne respectent plus rien... » « à leur âge, on ne se serait jamais permis », etc. Or justement, l'enfance n'existe pas à la manière d'une nature immuable ou d'une essence, mais relativement. De sorte que pouvoir être enfant c'est pouvoir trouver quelqu'un à qui parler. Cette relation qu'est l'enfance réclame un sujet à qui s'adresser, qui incarne ce que proprement on appelle l'autorité. L'enfant apprend le langage en s'essayant à parler à ceux qui l'entourent et en les écoutant. Il s'entend répondre, il s'essaye à dire non. On reprochait jadis aux enfants de « répondre » ; l'autorité se voulait sans réplique. Il vaut mieux aujourd'hui qu'elle ait du répondant. Car l'enfance n'est que passage, relation transitive, de préférence à des adultes qui sachent répondre de leur provisoire autorité. Qui soutiennent une responsabilité qui n'est pas plus absolue que n'est permanente l'enfance de l'enfant. Dans son hyperorganisation le monde moderne, l'a-t-on assez dit, est passablement déresponsabilisant. Au regard des jeunes, les adultes ne sont pas responsables de tout, ils sont simplement, si l'on ose dire, redevables des réponses aux questions et des répliques aux enfants qui répondent. Qu'il reste, au bout du compte, des questions sans réponse et des insolences sans réplique signale l'espace d'une liberté de manœuvre sans laquelle les jeunes ne sauraient s'émanciper complètement.

Voilà dès lors ce qu'on peut attendre de l'école dans son ordre propre — même si l'effondrement de l'autorité dans les familles rend la tâche de plus en plus difficile — que les jeunes y trouvent des adultes à qui parler, des maîtres qui aient du répondant. Qu'on ne lise pas là des conseils ou des leçons adressés à des adultes par d'autres adultes sur le mode de ce manifeste qui s'intitulait : *Profs, ne capitulez pas !* L'éducation, la prise en charge de la jeunesse n'ont rien à gagner à ces surenchères qui évoquent plus les bras de fer et les défis de fêtes foraines qu'un véritable débat public. Plus que des mots d'ordres tonitruants, la jeune génération est en droit d'attendre des paroles responsables. Sans doute cela suppose-t-il qu'on soit au clair sur le partage des responsabilités des uns et des autres. Dans la mesure où l'enfance tend à devenir la projection des difficultés, des contradictions, des angoisses des adultes, il faut retrouver le sens de la responsabilité propre aux enseignants, leur manière spécifique d'être des adultes-à-qui-parler. Au regard des contraintes de la vie familiale, des relations parfois passionnelles qui sont la contrepartie de l'affectueuse chaleur du foyer, l'obligation scolaire ne pourrait-elle pas apparaître sous les espèces de la liberté ? Et si l'école était, pour la jeune génération, l'institution qui ménage un espace où on la laisse respirer ? Les enseignants exercent dans la sphère de la vie publique, ils peuvent s'affranchir des rapports complexes et conflictuels qui régissent la vie privée. S'il est hautement souhaitable qu'ils se montrent compréhensifs et humains à l'égard des écoliers, ils peuvent être dispensés d'« aimer les enfants » que sont leurs élèves de cet amour captateur et possessif qui marque parfois les liens familiaux[11].

Juger les professeurs sur leur jugement plutôt que sur leur charisme ou leurs bons sentiments c'est tout simplement être attentif à leur mission de préserver cette forme de liberté qui découle d'une autorité désinvestie des passions privées. En dernière instance, ce n'est pas que les enseignants aient à juger les écoliers qui fait problème. Mais, d'une part les conséquences sociales exorbitantes de ces sanctions scolaires. D'autre part les formulations parfois discutables qu'emprunte le jugement pédagogique. S'il est difficile d'agir à l'école dans le premier registre, le second relève tout entier d'une éthique de la parole enseignante. Si les maîtres ne peuvent être tenus pour responsables du destin social des performances scolaires des élèves, ils le sont de ce qu'ils disent et de ce qu'ils font eux-mêmes. Bref, cessons d'attendre d'eux tout et son contraire, de définir leur métier comme une mission impossible, ce qui est la plus sûre manière de les enfermer dans l'irresponsabilité. C'est seulement d'enseignants aux responsabilités limitées qu'on peut attendre qu'ils soient justes et ce qui n'est pas juste, assurément, ce sont les brimades,

11. Sur cette délicate question, il faut rappeler le très beau texte d'Albert Thierry, *L'Homme en proie aux enfants,* publié par Péguy dans les *Cahiers de la Quinzaine,* en 1909, rééd. Magnard, 1986. Cf. aussi ROORDA (H.), « Le pédagogue n'aime pas les enfants », rééd. in *Trois pamphlets pédagogiques, op. cit.*

le mépris, le chantage affectif, ces querelles et ces « scènes » qui n'ont rien à envier à celles de la vie privée. Inélégance, relâchement, impolitesse sont aussi des formes de démission de l'autorité, plus particulièrement intolérables à l'école : « Les brimades sont plus graves qu'ailleurs dans le milieu scolaire parce qu'elles sont contemporaines d'une culture. » (Bachelard).

Ainsi, l'affaire de l'école c'est de protéger les écoliers et de préserver l'avenir. Si l'institution a pour fin de protéger la jeunesse contre les conflits des grandes personnes, leurs passions, leurs rationalisations de l'avenir et leurs projections rétrospectives, elle doit réaliser, en son ordre, une forme spécifique de justice. De ce point de vue, son enjeu est clair. Elle est un lieu, le dernier peut-être, où l'on a le temps. Et l'enfance, le temps où l'on a le droit d'être un enfant. Il revient donc à l'école de protéger ce droit et de défendre ce temps en leur donnant contenu et forme dans une institution. C'est bien parce que les écoliers sont de futurs citoyens et qu'il leur faut le temps de s'intégrer dans la cité, que limiter l'école, c'est faire place à l'enfance, juste sa place, sa juste place.

CONCLUSION

Limiter l'école, laisser aux écoliers le temps d'étudier, former les maîtres, respecter l'enfance : ce programme n'a rien de révolutionnaire. Est-ce d'ailleurs bien un programme ? Plutôt une suite de réflexions qui se voudraient tout bonnement marquées au coin du bon sens. Si l'on voulait bien admettre que l'école et l'enfance doivent être tenues à l'écart d'enjeux qui les corrompent, ne pas être enrôlées dans des querelles qui les utilisent à d'autres fins, ce serait déjà beaucoup. Nul doute qu'on pourrait alors commencer de réfléchir aux questions d'éducation sous un nouvel angle.

Ce n'est pas dire que tous les problèmes seront résolus : nous avons au contraire été guidés par la conviction qu'une solution radicale et harmonieuse des difficultés que connaît l'école est profondément fallacieuse. En revanche, on peut au moins tenter d'éviter les faux problèmes, afin d'aborder ces difficultés plus frontalement. Ce n'est pas dire non plus qu'il faille renoncer à transformer l'école en vue de l'améliorer : nous avons esquissé quelques changements possibles. Mais le projet ne peut plus être celui, tant porté, de la réforme de l'éducation, qui réaliserait enfin l'école idéale, ou du moins une école fonctionnellement satisfaisante. Cette institution demeurera en proie à des tensions et des conflits qui sont inhérents à la société démocratique moderne et à la logique qui l'anime. Il s'agit moins de s'y résigner que d'en prendre conscience, pour pouvoir tenter de vivre avec, si possible en les instituant.

C'est le cas du débat sur la culture : il faut faire notre deuil d'une représentation unifiée et intangible de la culture, panthéon définitif d'œuvres et de valeurs, qu'on pourrait tout bonnement opposer à la barbarie envahissante du divertissement de la société de masse ou de consommation. Mais faut-il pour autant souscrire aux formules lénifiantes du relativisme culturel ? L'accent mis sur la dimension patrimoniale de la culture noble, comme la critique de la consommation culturelle, masquent en réalité le véritable problème : celui de la place et de la fonction du loisir dans la société contemporaine. Jadis réservé à une élite minoritaire, il se meublait tout naturellement, selon des codes préexistants, de lectures, de concerts, d'activités formatrices du goût. A l'aube de la société démocratique, des figures comme celle du dandy, promenant son ennui sur ces formes de loisir signale déjà l'épuisement de cette image[1]. Aujourd'hui, la majeure partie de la population dispose d'un temps de loisir plus ou moins grand, mais effectif. Tout ce qui vient meubler ce temps soustrait aux contraintes du travail salarié, est baptisé du nom de culture. Cinéma ou collection de timbres, lecture

1. COBLENCE (F.), *Le dandysme, obligation d'incertitude,* Paris, PUF, 1988.

ou télévision, bricolage ou visite des châteaux de la Loire, sortie au restaurant ou au concert, qui ne voit qu'il s'agit là d'activités bien différentes ? Pourtant, sous la double influence d'une incontestable démocratisation du temps libre et du regard très ouvert que portent les sociologues sur ce qu'ils nomment les « pratiques culturelles », leurs différences sont relativisées. Qu'on soit là dans l'indistinction des valeurs et que cette « culture » soit largement mercantile ne fait guère de doute. Mais à tant le déplorer on néglige un « détail » : le fait que la plupart des individus concernés vivent d'abord ce temps comme temps libre, non contraint. S'efforcer de maintenir entre ces pratiques des distinctions qui les hiérarchisent selon leur valeur culturelle, cela peut se comprendre. Mais vouloir à toute force scolariser les usages de ce temps libre c'est en méconnaître la signification, et inverser le sens de la culture : de moyen et symbole de la liberté, elle devient alors l'image d'une tâche à accomplir, elle fait l'objet d'un devoir.

Plutôt que d'aller récriminant contre le loisir de masse, dont le marché est, en effet, le principal régulateur, peut-être faut-il songer à inventer une autre image de la culture, moins liée au temps libre qu'à l'exercice de facultés : mémoire, jugement, capacité de comprendre ce monde. A être ainsi pleinement scolaire, elle serait plus facilement identifiable, et échapperait aussi à la concurrence de loisirs plus accessibles. Il est temps de comprendre que la vraie culture n'est pas un loisir. Le problème devient alors moins de stigmatiser la barbarie que d'apprendre à s'y retrouver au milieu de ce flux et de ce flot d'activités que propose la société moderne. Il faut simplement cesser de baptiser culture, le loisir.

Mais aussi respecter ce dernier dans son acception moderne de temps non contraint, hors travail. Que ce repos prenne plus souvent la forme du divertissement doit être entendu justement : c'est le prix à payer pour une vraie société d'hommes et de femmes libres, c'est-à-dire sans esclaves. Ceux qui font la fine bouche là devant, ne font guère que témoigner de leur indécrottable élitisme.

Cela ne va pas sans quelques conséquences de taille. Et d'abord qu'il faut renoncer à vouloir fonder à toute force la citoyenneté, l'appartenance politique, sur une culture commune, entendue comme homogénéité des mœurs. Tout adulte est mûr pour la démocratie : il n'y a pas de droit d'entrée à acquitter. Cela ne veut pas dire qu'il n'existe pas des degrés dans la lucidité, le savoir, la compétence. Ni que les hiérarchies sociales ne soient d'aucun poids, bien au contraire. Et il est évident que les inégalités doivent être combattues. Simplement, elles ne sauraient être un argument pour traiter « ceux d'en bas » comme des citoyens de seconde zone. Il faut cesser de vouloir pédagogiser les pauvres et les exclus.

Cela ne veut pas dire non plus qu'il faille prendre son parti des inégalités culturelles, ni qu'il faille exalter sous le nom de culture populaire les formes de vie de ces exclus. Elles sont souvent mutilées et inhibantes. Mais ceux qui les portent sont d'égale dignité avec les autres. Il faut en finir avec ces formes complices de mépris culturel que sont la morgue pédagogique et la vulgarité racoleuse. Un plus grand partage culturel est le fait de respect réciproque et de confrontations où les effets libérateurs d'une dynamique culturelle se laissent lire.

Car la pédagogie vaut pour les enfants : eux seuls ont

à être institués dans une culture. Nous avons vivement souligné l'urgence qu'il y a à rétablir l'enfance dans son temps propre, et à ainsi la respecter. Le discours sur les droits de l'enfant, pour généreux qu'il soit, risque en effet fort de devenir le paravent mensonger d'un déni d'enfance, dont notre société se rend de plus en plus coupable. L'enfant est en passe de constituer une figure mythique, d'autant plus adulée qu'en fait on demande aux enfants réels de figurer la revanche ou les espoirs des adultes. Paradoxalement, les derniers, peut-être, à faire une place à la spécificité enfantine sont sans doute les publicitaires. L'impuissance enfantine constitue pour eux une cible de choix, que l'infini de ses désirs et de ses rêves rend sensible aux sollicitations magiques de la publicité. Mais bientôt, après les gestionnaires de carrières enfantines (de sportifs, ou de chanteurs...), viendront les éducateurs de la consommation enfantine qui traqueront ce merveilleux là, pourtant bien frelaté.

Avant donc de faire de l'enfant cet adulte par anticipation, lourd d'une double responsabilité, laissons le un peu respirer. Il ne faudrait pas que la fin des utopies scolaires se signe par l'émergence d'une utopie de l'enfance, où celle-ci viendrait prendre la place, pour chaque individu, qu'occupait hier l'école dans une logique plus collective. Prendre la responsabilité d'être adulte, c'est aussi accepter que celle de l'enfant soit différée, en devenir. La principale difficulté des éducateurs, parents et enseignants, c'est de résister à la tentation de l'éducation.

Osera-t-on dire que ce que demandent les enfants, c'est peut-être des adultes un peu plus en charge du monde dans lequel ils sont ? Nous savons que notre monde est porteur de barbarie. Nous savons qu'elle peut advenir, au cœur de la société qui se veut la plus civilisée. Nous avons renoncé aux partages sommaires entre culture et barbarie, mais sans doute pas assez à l'esprit de ce partage. Aussi allons-nous le reconduisant sans cesse, découvrant chaque jour une nouvelle frontière, guettant sans cesse de nouveaux barbares. Pareils à l'officier du *Rivages des Syrtes* ou du *Désert des tartares,* nous nous épuisons dans ce guet d'improbables barbares sans voir que nous nous corrompons ainsi nous-même. Assumer le présent c'est peut-être aussi accepter notre monde tel qu'il est, refuser le manichéisme que la posture critique convoque trop facilement. Accepter de l'améliorer, de le rendre habitable, et ne pas nous en décharger sur d'autres, encore petits ou à venir. Chaque nouvelle trace de barbarie, flamblée de violence ou manifestation d'intolérance voit de bons esprits en appeler à l'éducation : contre le racisme, l'antisémitisme, pour la laïcité, la culture... l'éducation serait notre seul recours, ou en tout cas l'ultime. Et si nous cherchions d'abord de nous-même à ôter toute trace d'infamie dans le monde présent ?

Il ne s'agit pas de prêcher l'optimisme, quelque nouvelle doctrine de Pangloss qui voudrait que notre monde fût le meilleur possible, et qu'il n'y ait rien à y reprendre. Mais au moins, avoir la lucidité de reconnaître que d'accepter de vivre tisse un compromis nécessaire avec la totalité du monde, bien et mal mêlés, et qu'il y a peut-être pire que d'assumer ce mélange : c'est de s'en remettre à d'autres du soin de faire le tri. Nos démocraties sont moins fragiles qu'on ne le dit : elles sont surtout peu enthousiasmantes. Mais qui demande de l'enthousiasme ? Ne sommes-nous pas guéris de cette fureur ? La responsabilité ne vaut-elle pas mieux ? Assumer le monde, assumer la société dans laquelle nous vivons est sans doute le plus grand service à rendre aux enfants. Alors peut-être pourrons-nous les enseigner. Rappelons-nous ce qu'écrivait déjà Péguy à l'aube de ce siècle :

« Les crises de vie générales, les crises de vie sociales s'aggravent, se ramassent, culminent en crises de l'enseignement, qui semblent particulières ou partielles, mais qui, en réalité, sont totales parce qu'elles représentent le tout de la vie sociale ; c'est en effet à l'enseignement que les épreuves éternelles attendent, pour ainsi dire, les changeantes humanités ; le reste d'une société peut passer, truqué, maquillé ; l'enseignement ne passe point ; quand une société ne peut pas enseigner, ce n'est point qu'elle manque accidentellement d'un appareil ou d'une industrie, quand une société ne peut pas enseigner, c'est que cette société ne peut pas s'enseigner ; c'est qu'elle a honte, c'est qu'elle a peur de s'enseigner elle-même ; pour toute humanité, enseigner, au fond, c'est s'enseigner ; une société qui ne s'enseigne pas est une société qui ne s'aime pas ; qui ne s'estime pas ; et tel est précisément le cas de la société moderne[2]. »

Puissions-nous faire mentir Péguy, mais tout en lui rendant cette justice d'avoir vu juste. Puissions-nous peut-être aimer un peu plus cette société, sans vouloir

2. Charles PÉGUY, « Pour la rentrée », *Cahiers de la quinzaine*, deuxième cahier de la sixième quinzaine (oct. 1904), pp. XXIV-XXV.

à toute force rêver d'ailleurs. Alors peut-être de nos cauchemars comme de nos visions troubles s'estompera la figure du barbare : au carrefour des générations, là où l'humanité déclinante croise l'humanité montante (ces « changeantes humanités »), nous pourrons peut-être réinstituer la figure bigarrée, mais au fond sympathique de l'écolier.

Achevé d'imprimer 28 août 1990
dans les ateliers de Normandie Impression S.A.,
à Alençon (Orne)
N° Editeur : 11635/01
N° Imprimeur : 901842
Dépôt légal : septembre 1990